中国因他们而改变

王选传

丛中笑◎著

中国科学技术出版社

·北 京·

图书在版编目（CIP）数据

王选传 / 丛中笑著 . -- 北京 : 中国科学技术出版社 , 2025. 4. --（中国因他们而改变）. -- ISBN 978-7-5236-1379-5

Ⅰ . I25

中国国家版本馆 CIP 数据核字第 2025R7Z994 号

总 策 划	秦德继　宁方刚
策划编辑	周少敏　徐世新
责任编辑	符晓静　白　珺
装帧设计	中文天地
责任校对	焦　宁
责任印制	李晓霖

出　　版	中国科学技术出版社
发　　行	中国科学技术出版社有限公司
地　　址	北京市海淀区中关村南大街 16 号
邮　　编	100081
发行电话	010-62173865
传　　真	010-62173081
网　　址	http://www.cspbooks.com.cn

开　　本	787mm×1092mm　1/32
字　　数	115 千字
印　　张	7
版　　次	2025 年 4 月第 1 版
印　　次	2025 年 4 月第 1 次印刷
印　　刷	河北鑫兆源印刷有限公司
书　　号	ISBN 978-7-5236-1379-5 / I·103
定　　价	58.00 元

王 选 传

童年的王选（左一）有一个幸福温馨的家（20世纪40年代摄于上海）

大学时代的王选

1958 年冬，北京大学数学力学系段学复主任（右八）、张世龙先生（右六）和王选（右二）等 54 级计算班师生在系办公楼前

王选与陈堃銶

汉字信息处理

报版样张　　　1979年7月1日

本刊是计算机—激光汉字编辑排版系统的试排样张。

由计算机总局主持，北京大学、新华社、山东省电子局、潍坊市电子局、潍坊电讯仪表厂、杭州五二二厂、天津红星厂等单位协作会战

计算机—激光汉字编辑排版系统主体工程研制成功

汉字编辑排版系统的工作流程和软件

滚筒式激光照排机的工作原理

第四代排字机

激光和计算机的结合给排版系统和信息处理带来新的突破

汉字字模信息的存贮

名称		研制成功的年代和国家	特点
第一代	手动照排机	西文：一九四九年美国 汉字：	效率低，改版困难
第二代	光机式	西文：一九五八年美国 汉字：一九六四年日本	机械动作，速度低 适用国际，不易维修
第三代	阴极射线管	西文：一九六五年西德 汉字：一九七五年日本	速度快，质量要求高，不能出大样
第四代	激光扫描	西文：一九七六年英国 汉字：日本正在研制	速度快，适用面广，还能自动编辑

1979 年 7 月 27 日，王选率团队研制的汉字激光照排系统输出第一张报纸样张——《汉字信息处理》

1980 年 10 月，王选在国际中文信息学术会议上做报告

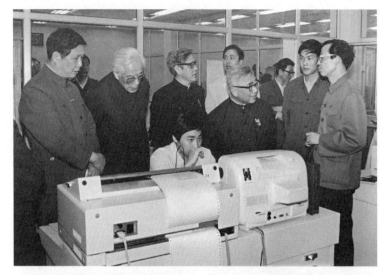

1985 年 5 月，新华社印刷厂的试验车间里，王选（右一）向黄辛白（左一）、周培源（左二）、卢嘉锡（右三）等领导和专家介绍华光 Ⅱ 型系统的运行情况

1987 年 5 月 22 日的《经济日报》，是世界上第一张用计算机屏幕组版、用激光照排系统整版输出的中文报纸

1987 年 7 月，王选（左五）、陈堃銶与学生们在华光 Ⅲ 型机前

1991年，王选（左三）陪同诺贝尔奖获得者李政道（右二）参观北大方正电子出版系统

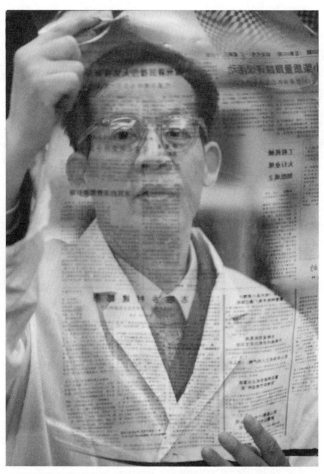

王选在查看用汉字激光照排系统输出的报纸胶片

1995 年 5 月，王选在全国科学技术大会上做关于科研成果产业化体会的报告

20世纪90年代，王选与北京大学计算机研究所骨干刘秋云（右一）、肖建国（右二）、汤帜（左二）、阳振坤（左一）在一起

2005 年 10 月 20 日，王选（中）会见科技部副部长马颂德（左），这是他最后一次在
公开场合露面

目录

家族的言传身教

　　1946 年，一个闷热的夏天，在江苏无锡惠山通往三茅峰顶的山路上，一个 9 岁的男孩正咬着牙一步一步沿着石阶往上攀爬。他的小脸被火辣辣的太阳晒得通红，汗珠沿着额头、鬓角不停地滚落下来。

　　男孩的母亲追上来，心疼地叫住他："就到这里吧，不能再爬了，太吃力'小肠气'（疝气）要发作了呀！"

　　男孩一声不吭，一点停留的意思也没有，继续低着头往上攀登，终于一鼓作气登上了三茅峰顶。他高兴地张开手臂放眼远眺，将太湖美景尽揽眼底。

　　三茅峰海拔 329.98 米，是惠山最高峰，也是无锡最高峰。

　　随行的大人们纷纷夸赞："这孩子，真了不起！小小年纪就展现出一股勇攀顶峰、不达目的誓不罢休的劲头。"

　　男孩的名字，叫作王选。

　　无锡是王选的祖籍，王氏是无锡有名望的大家族，王选的曾祖父王绰是清朝同治年间的进士，成绩优异，名列二甲第 60 名，北京国子监的石碑上至今还刻有他的名字，后来官至福建主考。祖父王蕴亨，清朝时曾在苏州府和常州府谋事，辛亥革命后为避时难，将全家迁回无锡，隐居家园，不问世事。王选的祖母识文断字，精明能干，为补贴家用，开设了一家学馆，招收学徒，教授四书五经。

1903 年，王选的父亲王守其（1903—1996）出生，他是家中唯一的儿子，格外受宠爱，自幼习读古书，聪敏好学，15 岁考上交通部上海工业专门学校（后更名为上海南洋大学，即上海交通大学的前身）附属中学，来到了大上海。1922 年，王守其完成高中学业，以优异的成绩直升上海南洋大学，攻读铁路管理专业。毕业后在上海一家工程贸易公司谋得一个职位，他工作踏实，恪尽职守，一辈子没有离开过这家公司。

王守其读大学之前便成了亲，妻子周邈清（1901—1990）是王守其的表姐，两人自幼订婚。周家也是无锡书香门第，周邈清的父亲周道章曾考中秀才，年轻时去日本留学，进修化学和测绘专业，是中国第一代留学国外的知识分子。他深受日本维新思想的影响，追求开明进步，没让女儿周邈清受缠足这一"酷刑"，把她送到北京著名的教会学校贝满女中读书，还一度计划让女儿去法国勤工俭学，后来因周邈清与王守其定了亲，没有读完高中便中断了学业。1921 年，周邈清嫁到了上海王家，她温婉清秀，聪慧能干，喜爱读书，关心时事，自有一派大家闺秀的气质。

王选是王守其和周邈清的第五个孩子，他差点儿未能来到人世，因为照顾和教育两儿两女的任务已很繁重，周邈清怀上王选时，一度不想要这个老五。凑巧这时周邈清的小妹生病去世，周邈清和娘家人一起忙里忙外，错过了去医院做手术的最佳时机。1937年2月5日，上海衡山路一条老弄堂里传来一阵响亮的婴儿啼哭声，王家的第五个孩子降临人世。王守其给儿子取名"选"，也许认为这是上天的选择吧，抑或希望这个坚持要来世间走一遭的小生命，能够在遇到人生的岔路口时，选择正确的道路。

的确，王选一生经历了多次人生抉择，每一次都给他带来非凡的意义，甚至是命运的转折。

王选出生后不久，抗日战争爆发，日军开始全面侵占上海，王守其公司的国际贸易大受影响，一家子生活顿时陷入窘境。所以，父亲给王选印象最深的，是抗日期间强烈的民族气节和爱国情感。

1937年卢沟桥事变后，为了让王选记住这一耻辱事件，父亲给他起字"铜卢"。上海的苏州河上有座著名的大桥"外白渡桥"，是贯穿南北的交通要道。上海沦陷后，桥上挂起了日本国旗，有日本宪兵把守，中国人必须对着旗子三鞠躬，才能过桥。深受侵略之苦的王守其对日本极为痛恨，不愿受这份屈辱，宁愿绕远从其他桥过河，王选也和父亲一样，几年间坚决不走外白渡桥。王守其还教育子女不要买日本货。有一次，王选的大姐因日本铅笔便宜，买了几支，父亲发现后大发脾气，把铅笔丢到炉火里烧掉，还狠狠训斥了女儿一顿。

还有一次，父亲悄悄交给王选一张小画报，上面画着一个精神抖擞的中国军人和一面中国国旗，王选一看非常喜欢，但他知道在沦陷区保存这样的画是非常危险的。父亲对王选说："没关系，把它藏在你们小孩子这里，不会有事的。"两人一起把画报藏在王选的抽屉里，上面压上好几本书，一直保存到抗日战争胜利。

这几件事，使王选幼小的心灵受到爱国启蒙教育，他树立了牢固的家国情怀，这在日后几次重要的人生节点，都起到了关键作用。

父亲的另一特点，是做事严谨认真，一丝不苟，奉公守法。他在新通贸易公司工作了一辈子，从会计一直做到总会计师，账目上从未出过差池。此外，王守其称自己"一生倔强，从来不懂媚上""生来不会拍马钻营"，但却十分注重友情，对待亲友、同学和同事非常仗义，慷慨大方。这些品质都深深影响了王选：在科研上，他一丝不苟、严谨求实；在待人接物上，他真诚坦率，宽厚善良，身边友情常伴。

与父亲的威严相比，母亲则慈爱和蔼，持家有术，不但把孩子们照料得十分周到，还把家里家外收拾得井井有条。母亲对新鲜事物和社会进步态度开明，支持儿女们追求进步，后来做了街道干部。王选受母亲的影响，身上散发着善良、诚实、宽厚、谦和的人格和乐于接受新事物的开放态度。

在王选的记忆中，还有几个学者型的亲戚对他产生了不同程度的影响。一位是姑夫李泰云，主张实业救国，为了把研究成果变成产品，自己办了一家工厂，成为一名实业家。

另一位是表姐夫辛一心，他在上海交通大学读书时，独辟蹊径，挑选了当时一个冷门的专业——造船，并去英国留学深造，中华人民共和国成立后在交通部一个造船研究院当了院长，参与了中华人民共和国成立初期主要船舶的设计工作，成为这一领域的权威。

姑夫的实业救国、表姐夫的另辟蹊径，在王选幼小的心灵中埋下了种子，对他日后选择学术方向和科研道路，产生了直接或间接的影响。

从喜爱文史到痴迷数学

　　王选的童年和少年时代是在上海的百年名校——上海南洋模范学校（简称南模）度过的。南模采取的是启发式教育，通过生动活泼的教学而不是题海战术，启发学生的兴趣爱好和学习的自觉性，王选在南模受到了系统良好的教育，为其大学学习和日后取得成绩打下了扎实的基础。

　　1942 年，5 岁的王选进入南模小学，开始了求学生涯。上学不久，王选就对语文产生了浓厚的兴趣，语文老师也十分喜欢这个聪明好学的学生，整个小学期间王选的语文成绩都很突出，五年级时学校举办作文比赛，王选写的是父亲让他保留那本印有中国军人的画刊的故事，绘声绘色，生动感人，在比赛中得了优胜奖。也许是文史相通的缘故，后来王选又喜欢上了历史。历史老师陆维周毕业于上海大夏大学（华东师范大学前身），他把枯燥的历史课讲得有声有色，王选听得入了迷。

　　回到家，还有父母给买的几百本《幼童文库》《小学生文库》和《中学生文库》等着王选。到了漫长而炎热的暑假，每天吃过午饭，母亲便把客厅里的地板拖干净，铺上几条凉席，王选和哥哥姐姐们各捧一书，或坐或卧，尽情徜徉在书海中，流连忘返。王选对古文也感兴趣，家中有一位老伯母，闲时教王选兄弟姐妹几个读四书五经，哥哥姐姐们念了没几天，就躲出去玩了，只有王选一个人专注、认真地坚持读。

王选后来总结说："文科的知识起码帮助我增强叙述的条理性，提高表达能力和更好地抓住重点。语文、历史等文科知识对我后来的科研和教学大有好处，所以我很赞成理工科学生要增加人文科学知识，而文科学生应具备更多的自然科学基础知识。"

王选还喜欢自然课，老师是学校的教导主任陈友端，他带领王选和其他学生走出课堂，参观明代科学先驱徐光启的墓地，到徐家汇天文台和佘山天文台观察星空，听专家们介绍天文知识，使王选对探索科学奥秘萌发了极大的好奇心，而好奇心是科学发现和创造的重要推动力。

一次，陈友端先生在课上绘声绘色地讲了这样一个故事：美国人吃饭实现了自动化，不用刀叉，而是由机器自动喂食。一家主人请客人吃鸡，客人啃鸡骨头费了些时间，结果后面定时送上的食物就从机器里喷了出来，奶油蛋糕糊得客人满嘴都是。王选被这个有趣的故事强烈地吸引了，这是他最早接触到的关于智能机器人的故事。长大后王选才知道，当时并没有这么先进的技术，陈先生是用这种生动有趣的讲课方式，激发同学们从小对科学的热爱。先进的技术可以转化成产品为人类服务，这一点，深深印在了王选的脑海中。

不过，王选小学时数学成绩并不突出，四年级的时候甚至还有一次不及格的记录。事情就发生在王选勇攀惠山的那个暑假。当时，9岁的王选随全家扶祖母灵柩回无锡安葬，没有参加期末考试，开学要进行补考。然而，王选并没当回事，疯玩了一个暑假，开学一补考，数学只考了50多分。王选的母亲急得连忙到学校找老师。没想到老师倒为王选开脱，说他这次主要是没好好复习，一努力就会赶上去。果然，不久王选的数学成绩就追了上来。整个小学期间，王选的平均成绩一直名列前茅。

1948年，王选以全班第二名的成绩从小学毕业，被保送升入南洋模范初中。

初中部设在上海西郊的七宝镇，所有学生必须住校，王选有了更多的业余时间。他开始啃大部头的武侠小说，最着迷的是民国武侠小说家还珠楼主写的《蜀山剑侠传》，几年下来，足足100多本全部看完了。王选被书中的武侠人物、曲折情节和侠义精神深深吸引，一生都记忆深刻，他性格中敢于担当、坚忍不拔、重情义、讲信用等人文特质，与少年时深厚的武侠情结密不可分。

初中三年，王选最大的收获是喜欢上了数学，而引领他进入神奇的数学殿堂的，是 60 多岁的数学老师刘叔安先生。他总结了一套独具魅力的教学方法，边讲课边配上各种手势和口诀，十分生动。比如讲到分子与分母颠倒，他就一边把大拇指和食指相对起来上下转动，一边用青浦口音说"翻个转身"。他还教给学生许多巧妙的速算方法，譬如计算末位数是 5 的数的平方，可以用 $(a5)^2 = [a \times (a+1)] \times 100 + 25$ 这个公式，如 $15^2 = [1 \times (1+1)] \times 100 + 25 = 225$；又比如，计算一个数乘 11 的方法可以用以下公式表示：$ab \times 11 = 100a + 10(a+b) + b$，如 $12 \times 11 = 1 \times 100 + (1+2) \times 10 + 2 = 132$。这些方法王选一生都记得很牢，并经常使用。在刘先生愉快的教学法影响下，王选很快对数学着了迷，到初三时，他开始超越老师的教学进度，自学新的内容，学期中间，就把整个学期的习题全部做完了。

1951 年，王选被免试保送南模高中，回到了阔别三年的高中本部校园。

高中部教数学的赵宪初先生对王选的影响更为深远。赵宪初是上海一代名师，他教学的特别之处是"声情并茂"，常常用特殊的音调带着大家一起背诵公式，教得最绝的是三角，使王选记忆深刻。王选对赵先生的幽默风趣印象也极深："赵宪初先生上课从来是笑嘻嘻的，他风趣地把俄国数学家罗勃契夫斯基叫成'萝卜吃死鸡'，我想这是他长寿的重要原因。"

在赵宪初的影响下，原本就喜爱数学的王选，上高中后不久就像初中时那样，把高一到高三数学课本上的习题全部做完了。后来王选报考大学时，志愿填报的全部是数学系，也与此有密切关系。

从树立"好人观"到终身受益的干部经历

南模非常注重学生的品德教育，早在建校之初就制定了"勤、俭、敬、信"四字校训。每学期的开学典礼上，南模校长、著名教育家沈同一常常带领王选和其他学生举起右手，用崇明口音宣读校训："我为陶冶品性而来，愿遵守校规；我为研究学识而来，愿尊敬师长；我为锻炼体魄而来，愿爱护自己。"

1947 年，正在读小学五年级的王选获得了一项影响终身的"重要荣誉"，他以压倒多数的高票被评为班里"品德好、最受欢迎的学生"。这是一个非正式的奖项，10 岁的王选并没有放在心上，也没有告诉父母。他觉得自己当选的原因一方面是学习优秀、团结同学、热心班级工作；另一方面是活泼好运动，常和同学一起玩"打弹子"等各种有趣的游戏，练就了一身"绝技"，培养了"好人缘"，所以很快就把这件事淡忘了。

此后的一生，王选获得国内外大奖 20 余项，直到数十年后，他才意识到这一荣誉对自己人生的重要性。2002 年 2 月，王选被授予我国科学家的最高荣誉——国家最高科学技术奖。他深有感触地说："小学时获得的这一荣誉与我后来的成就有很大关系。青少年时代应努力按好人标准培养，这是德育的重要内容，只有先成为好人，才能做有益于国家和人民的好事。"对于"好人"

的标准，王选这样定义：季羡林先生认为考虑别人比考虑自己稍多一点就是好人，"我觉得这一标准还可以再降低一点：考虑别人与考虑自己一样多就是好人。爱因斯坦说的好：只有为别人活着才是有价值的。"

这段讲话集中反映了王选一个重要的道德理念和做人原则——好人观。其精髓是：考虑别人与考虑自己一样多就是好人。具体有两层含义：一是己所不欲，勿施于人；二是乐吾乐，以及人之乐，忧吾忧，以及人之忧。王选主张，只有先成为这样一个"大写"的好人，才能成就伟大的事业，他一生坚守这一理念和原则，尽管在复杂的人际关系和坎坷的人生道路上，他的"好人观"有时让他困难重重；尽管有人好心劝他：做人不能太好了，不可心无防范，但他坚定不移，无怨无悔，用毕生的所作所为诠释和展现了一个真正意义上的"好人"。

后来，王选进一步主张，"好人观"也是成为团队带头人的必要前提条件。这源自他12年的学生干部经历。他总结说："担任学生干部，懂得要以身作则，诚恳待人，虚心接受各方面的批评，特别注重团队精神。这些都是现在的学术带头人必须具备的一些重要素质。一个好的科学家或企业家首先应该是一个好人，才能带领队伍。"

小学五年级被选为"品行出色"的学生不久，王选被推选为班长，开始了他"做一个好人"的最初实践。从此，他的心中除了自律，又多了一个自我要求：融入集体，多为他人考虑，多为班集体服务。

上初中后，王选担任学习委员，除学习方面的工作外，还负责宣传。他的字写得不错，画铅笔画也很拿手。于是，老师把办墙报的任务交给了王选。这是当时南模培养学生进步思想、锻炼写作能力的一项重要活动。那时的墙报是把文章写在纸上贴在墙上。对于一个十几岁的孩子来说，这确实是一项非常繁重的任务，既要组稿、审稿，也要自己写稿。同学交来的稿子如果特别潦草，王选还要一笔一画抄一遍再贴到墙上，很费时间和精力。不过王选十分喜欢这项有意义的工作，为了增加墙报的吸引力，他四处搜集了许多智力测验和趣味数学题，还用心琢磨出一些文字游戏，让同学们猜得不亦乐乎。

初中的住宿生活，让王选发现融入集体的重要性。七宝镇是典型的江南小镇，墨瓦白墙，水田环绕，环境十分秀丽。但学校生活条件十分简陋，没有电，晚上教室自习点的是汽油灯，宿舍里是亮度更差的煤油灯。几十个学生住在一间大屋子里，不论寒暑，每天清晨都要集体出操，伙食也比城里差得多。但小小少年是不知愁滋味的，王选觉得这恰恰是锻炼自己的好机会。他和大家在宽阔的空地上尽情地踢小足球，在国民党军队留下的碉堡中玩捉迷藏，用硬纸板拍毽子、打乒乓球……这些户外活动不仅锻炼了王选的体格，也培养了他和同学间的友谊与集体精神。后来王选经常对青年人说："在这种集体生活中，性格孤僻、自私和不合群的人是不容易受欢迎的，而这些缺点恰恰是今天高科技时代取得成就的重要障碍，需要在青少年时代加以纠正。

1949 年 5 月，上海迎来了重要时刻，12 岁的王选和哥哥走上街头，目睹了中国人民解放军进城的一幕：他们纪律严明，没有进老百姓家，而是和衣睡在大街上，这使王选从内心感到敬佩。不久，大姐加入了中国共产党，大哥很快也加入了共青团，他们经常给全家人讲一些革命道理，这在王选心中打下了深刻的烙印。1951 年，刚满 14 岁的王选递交了入团申请，被顺利批准，成为班里唯一的团员。这是王选在追求进步思想的人生路上迈出的坚实的第一步。

高中时期，学习对于王选仍然是轻松的，他把更多的时间和精力花在了班级和社会工作上。全班 50 多个同学，只有王选一名团员，所以他既是团支部书记，又是组织委员和宣传委员，担负起发展团员的重任：找人谈话，写材料，开会，过组织生活……从高一到高三，班上团员发展到十多人，大多数都是王选介绍的，团支部也是在他的努力下筹建起来的。

由于工作出色，王选高一那年被评为全年级唯一的优秀团员，同学们佩服地称他为"社会活动家"。

从小学五年级被选为班长起，直到大学期间担任班级团支部书记和系分团委副书记，王选足足当了12年学生干部。他不认为这会耽误学习，相反，他主张学生在校期间要有一些当干部的经历，这是一个人能够做出成绩的不可缺少的素质，使人终身受益。

王选常引用孙子的话："将者，智、仁、敬、信、勇、严也。"他认为这是一个领导者所应具备的风范，也是他对自己的更高要求。这是王选日后成为凝聚团队、顾全大局的带头人的重要因素。

拳拳赤子心，殷殷爱国情。家族的传统熏陶，父母的言传身教，学校的教育培养，使王选从小树立了爱国奉献的价值观，形成了正直善良、诚实宽厚的"好人观"，奠定了人生第一块坚固的基石。

燕园立志，北大优秀生

虽然王选的高中生活被社会活动占去了大部分精力，但由于基础扎实，他的学习成绩一直保持在班级前5名。到了高三，他该报考大学了。班主任说："王选的成绩，考北大、清华、交大都没有问题。"

"一定要去外地上大学，这样才能更好地锻炼自己"，这是王选10岁那年，跟父母一起到码头送大姐去北京上大学时就萌生的想法。现在，这种想法更强烈了。由于政治上要求进步，王选最向往的是首都北京和老解放区东北，他曾和班上不少同学一起报名去哈尔滨军事工程学院，可惜体检时他未通过，如果真去了，王选的命运可能就要改写了。

后来，王选在报名志愿表上工工整整地填下了三个志愿：

第一志愿：北京大学数学力学系；

第二志愿：南京大学数学系；

第三志愿：东北人民大学（现吉林大学）数学系。

1954年夏，王选以优异的成绩如愿考取了第一志愿——北京大学数学力学系。

当接站的校车满载着王选和其他新生驶进北大西校门时，美丽的校园景色一下子映入他们眼帘，石狮、华表、拱桥，古树、湖光、塔影……这座创立于1898年的中国第一所国立大学，以它雕梁画栋的皇家气派、兼容并蓄的文化风范，深深触动着王选的心，他用"震惊"形容自己看到那些精雕细刻的古建筑大屋顶时的感受，"因为在上海从未见到这类建筑"。从此，他深深爱上了这座园子，一生未曾离开。

数学力学系招的200多名学生被分成9个班，王选在6班。两年后，王选才知道6班和9班从一开始就被定为尖子班，学生都是高考成绩在前几十名的优秀生。后来包括王选在内的54级数学力学系出了7位院士，这在该系的历史上大概是空前绝后的。

从中学的初等数学进入大学严密的高等数学范畴，这是一个很高的门槛，对于大多数学生来说并不轻松，甚至有困难，需要付出加倍的努力。值得庆幸的是，王选他们一入学，就受到名师的精心教导，顺利地跨越了这一门槛。

当时的北京大学校长马寅初主张把办学重点放在基础课上，教王选他们解析几何的是年过半百的一级教授江泽涵先生，学术上几乎与华罗庚齐名；教数学分析的程民德先生当时37岁，已是正教授；教高等代数的丁石孙先生才27岁，毕业于清华大学，据说数学力学系代主任段学复曾表示，不惜用6个人去换丁石孙一人来北京大学，足见他才华之出众。

为了使学生们更好地消化吸收所学知识，系里还开设了习题课，以小班为单位，每个班20余人，一周数次，进行针对性的辅导。在做习题时，王选坚持两条原则：一是踏踏实实、一丝不苟，绝不在概念没有弄清时就急着做题，而是先把每个基本概念"学得一清二楚，一丝一毫都不能马虎""最忌讳的就是不踏实，好高骛远，似懂非懂，这是学习的大敌"；二是不搞题海战术，要善于总结，王选发现，经过思考和总结经验做出10道题，比糊里糊涂做100道题的效果要好，而且掌握的知识更牢固。

在名师的悉心指导和严格训练下，王选在学业上扎扎实实地迈出了第一步，为他后来从事计算机逻辑设计和体系结构研究，软件、微程序设计和专用芯片设计等计算机应用研究奠定了重要基础。他深有感慨地总结说：

大学的基础课学习，使我养成一种严密思考、严密推导、分析问题、归纳问题的数学思维方法，这种思维方法对搞计算机研究是极端重要的。首先，"抽象"是数学的本质，而计算机硬件、操作系统、高级语言和应用系统的设计中经常使用"抽象"的手法。其次，严密的逻辑思维和推理对硬件和软件研制都很有帮助。第三，好的算法往往会大大改进系统的性能，而数学基础对构思算法是很有帮助的。

的确，王选在后来研究汉字激光照排系统时，正是依靠扎实的数学功底，发挥数学的魔力，凭借一个"数学游戏"，使困扰中外科学家的难题迎刃而解。他设计过三次专用超大规模集成芯片 ASIC，从未做过实际的电路实验，主要依靠严格的论证来保证设计的正确性，结果三次样片都是一次完成。

北京大学是新文化运动的中心和五四运动的发祥地，是中国最早的马克思主义和民主科学思想的源头之一，也是中国共产党最早的活动根据地之一，校园中涌动的爱国、进步、民主、科学的氛围和精神，深深感染着王选，他在追求理想和进步的道路上自由地徜徉着、求索着。校长马寅初当时已年过七十，威望很高，常能请到领导人来北京大学演讲。王选聆听过周恩来、陈毅等的精彩报告，这给了他开阔的视野和不凡的见解。

由于和同学们相处融洽，又有中学干部的经历，上大学后不久，王选被选为团支部书记，后来又担任了系分团委副书记。大量的学生工作和社会活动占据了他很多精力，可王选乐此不疲，认真负责地投入到工作中。

班里唯一的党员王树桂家庭困难，天凉了没有厚衣服穿，王选和大家一商量，凑钱买来了绒裤，由女同学绣上"王树桂"三个字，放在他的床头。看到王树桂感动的样子，每个人心里都暖洋洋的。

王选还充分发挥经验，开动脑筋，想出很多搞好集体活动的办法。一次，为了使同学们了解国家在各个领域的建设和发展情况，王选提出举办一个"大家谈"故事会，他发动大家分头去调查采访，通过各种渠道了解家乡和各行各业的变化，在故事会上逐一讲述。结果反应热烈，故事会开得别开生面，效果奇佳，还得到了北京大学团委的重视。王选也受到了师生们的一致好评。

1955年，正在读大学二年级的王选被评为北京大学优秀生、北京大学青年"三好"积极分子，这在当时是一项很高的荣誉，每班只有一两名学生获得。王选受到极大的鼓舞，他以满腔热情，全身心地投入为祖国努力学习和科研的奋发拼搏之中。

选择计算数学，与祖国命运紧密相连

　　春去秋来，寒暑交替，王选在学习上更进了一步，开始通过比较和鉴别进行系统学习。在上实变函数这门课时，他发现，老师讲课用的是自编教程，自成体系，而当时还有一本苏联教材，采用的是完全不同的另一体系，但内容大同小异。这一下激起了王选的兴趣，他花费了大量精力，对两个体系同时进行对比学习，比较这个体系的定理在那个体系里是怎样去证明的。通过这样一个善于思考和富有创造性的学习过程，王选不但对概念的了解融会贯通，而且培养出独特的远见和洞察力。多年后，王选总结说：

　　我能够取得成就，最重要的一点，应该是具有远见和洞察力。我在解难题上面的本事并不大，但有一点我大概是突出的，就是洞察力、远见力，英语叫 vision 或 insight，具体表现就是我能比别人早一拍走到正确道路上。选择计算数学，以及后来自觉地训练英语听力，从硬件跨到软件，两者结合起来研究，直到选择搞激光照排，都是这种 vision 在起作用。

　　的确，1956 年，大学二年级下学期，王选在面临人生第一次重要抉择——选择专业时，这种远见和洞察力首次发挥了关键作用。

大学一、二年级系里不分专业，同学们上的是一样的基础课。三年级开始要分专业学习，此时，王选和同学们可选择的方向，除原有的数学、力学外，又新增了计算数学。

1956 年，中国的科技发展进入了一个新阶段，党中央发出了"向科学进军"的号召，周恩来总理亲自主持了《1956—1967 年科学技术发展远景规划纲要（修正草案）》(简称《12 年科技发展远景规划》) 的起草工作，从 13 个方面提出了 57 项重大科学技术任务，其中第 41 项是"计算技术的建立"；确定了导弹和原子弹、电子计算机、半导体、无线电电子学、自动化技术等 6 项紧急重点任务，在中国科学院和有关部委组建新的学科研究所，并安排大学新建相关专业以培养人才。在这一时代背景下，北京大学、清华大学相应设立了计算数学和计算机方向。北京大学的计算数学方向就设在数学力学系，由徐献瑜教授担任教研室主任。

选择正确的专业往往对一个人的发展方向起非常关键的作用，王选面临着人生第一次重要抉择。

数学，这门古老而又成熟的学科，既有完整严密的理论体系，又有等待解决的道道难关。系里的一些尖子生从中学时起就树立了勇攀数学高峰、摘取数学桂冠上闪耀的明珠的宏伟志愿，数学专业自然是他们的首选。

计算数学，主要研究有关的数学和逻辑问题怎样用计算机解决，属于应用数学的范畴。在当时的中国，计算机在人们心中还是一个遥远、神秘甚至陌生的梦想。计算数学在整个中国都是新兴学科，不但没有一套像样的教材，而且应用性强于理论性，包含大量繁杂琐碎、非创造性的技术，在不少人眼中不见得有高深的学问，前景也不清晰。

王选的特点是从不人云亦云，相反，他认为，越是古老、成熟的学科，越是完整严密的理论体系，越难取得新的突破；而新兴学科往往代表着未来，越不成熟，留给人们的创造空间就越广阔，发展前景就越大，这是让喜欢挑战和创造的王选十分看重的。

王选还有一个想法，希望自己所学习的知识能够直接服务于祖国建设，为发展国民经济发挥实际作用。他从《12年科技发展远景规划》和周恩来总理的讲话中看到，计算技术是我国迫切需要的重点技术。王选想，一个人只有把自己的工作和国家的前途命运联系在一起，才有可能创造出更大的价值奉献于社会。

王选后来十分强调应用性科研成果的实用和转化，

这一观点，早在他大学期间就开始萌生。

为了证明自己的观点，王选去图书馆查阅报刊资料，有两篇文章引起了他的注意。一篇是钱学森访问苏联的文章，提到苏联把计算机技术应用在人造卫星等航天工业上，起到了很好的作用。另一篇是中国科学院数学研究所数理逻辑研究室主任胡世华撰写的文章，讲的是未来战争中，现代国防科学技术，包括航空航天、导弹等技术都要和计算机联系起来，通过数理逻辑、概率论、博弈论等数学理论来实现指挥作战，甚至控制整个战争。王选看后认为，计算数学这个方向将来能够跟现代尖端科学——原子能、航天事业、国防科技事业等发生紧密关系，是一个前景十分广阔的领域。所以，王选下定决心，就选计算数学。

与王选一起分到计算数学方向的有 20 多名学生，是 54 级数学力学系全部学生的近 1/10。时间的发展证明，这一选择对于王选来说是至关重要的，它为王选今后的科研工作奠定了第一块基石。否则，王选将与激光照排无缘。

后来，王选看到美国数学家、哲学家、控制论创始人维纳（Wiener）的一句话："在已经建立起来的科学领域之间的空白区上，最容易取得丰硕成果。"这句话使他印象深刻，他领悟到，要尽可能在年轻的时候能够跨两个领域学习和研究，因为两个领域的结合点往往是空白点。王选选择计算数学专业，就是数学和计算机两个领域的结合；多年后，他从事激光照排系统研究，正是将计算机技术应用于高精度的汉字字形信息处理领域，从而在两个领域之间的空白区产生了独树一帜的创新成果。

改进“北大一号”，迷上计算机

20世纪50年代，电子计算机技术属于世界尖端科技，就是在美国和苏联也被视作国防机密，我国的计算机研究处于刚刚起步阶段。1956年，北京大学在南阁后面一排简陋的平房中，建立了计算数学实验室，张世龙被任命为主任。

张世龙可以算是我国计算机事业的拓荒者，当时只有28岁，毕业于燕京大学物理系，年轻帅气，知识面广，有扎实的物理和数学基础，平时喜欢摆弄无线电收音机，又有很好的动手能力。他常对学生们说："先生先生，其实是比你们先生几年而已。"

引领王选跨入这道神秘大门，生平第一次触摸计算机的，正是张世龙先生。

为了设计出一台完整的电子数字计算机，张世龙查遍了图书馆，可以参考的外文文献很少，更没有任何成品可以比照，他大胆尝试，琢磨出许多高招，最终设计装配出一台计算机模型"北大一号"。虽然零部件的工艺水平很差，主板没有用插件的形式，而是焊了一块大板，磁鼓存储器也不过关，因此很难调试成功，也无法运行，只能算是一台计算机模型，但其逻辑设计和电路设计是严密准确的，充满了开拓性和创造性。

结合"北大一号"机，张世龙开设了计算机原理课，绘制了详尽的原理图，从逻辑设计、原理设计到电路设计、工程设计，明明白白，一应俱全，把枯燥生涩的计算机原理讲授得生动形象、简易明了。王选拿着有些简陋的油印讲义，听着张先生的讲述，脑海里渐渐勾画出了熠熠生辉的计算机模样，设计计算机，这一充满创造性的工作让他着迷、激动、跃跃欲试……张世龙敢为人先、善于创造的勇气和精神，更是给王选以深远的影响。他越来越觉得，自己的选择是正确的，他热切期待着能够在这一新兴领域有所作为，在进军科学技术的洪流中发挥作用。

1958 年春，大学课程基本结束，开始上实习课了。张世龙决定与空军司令部第三研究所（简称空军三所）合作，对"北大一号"进行改进，并以此作为王选和同学们实习的内容。张世龙重新确定了设计原理和思路，采用较先进的插件方法，对逻辑设计也做了很大的改动，然后把具体设计"北大一号改进机"的任务交给了王选。他发现，这个学生不但对计算机设计兴趣浓厚，而且思维敏捷、逻辑严谨，是进行科研设计的好苗子。

老师的信任，使王选在自豪的同时感觉到了肩上的担子。当时各方对于"北大一号改进机"寄予很大期望，朱德总司令还亲自到位于北京大学北阁的机房参观视察，北京大学则希望用半年多的时间研制成功，向国庆献礼。时间的紧迫，更加大了王选的压力，他和空军三所调来的几位同志以及同学们一起加班加点、白天黑夜地连轴转，还为此闹了一出笑话。

一天半夜，王选迷迷糊糊地从宿舍双人床的上铺爬下来，穿好衣服去机房接班调试计算机，直到第二天中午才去食堂买饭。走在路上，王选觉得上衣不对劲，怎么从蓝色变成了灰色？他忽然想到一个数据，连忙掏出口袋里的钢笔记下来，恍惚觉得钢笔也细了一圈，心想，肯定是累糊涂了。

一进食堂，一个同学就大声地冲着王选喊道："王选，你把谁的衣服穿上了，怎么这么短啊？"他的话立刻引进一片哄笑。王选仔细一看，这才发现，原来昨晚起床的时候，迷迷糊糊把同学的上衣错穿在自己身上了！王选不好意思地摸摸头笑了，从此生活上的"马大哈"也出了名。

"北大一号改进机"的运算器和控制器终于调试完毕，但由于存储器用的磁鼓不过关，所以只能做一些简单的加减法运算，无法投入使用。不过，这次实习让王选对计算机从逻辑设计到整机调试有了一个完整翔实的认识，对复杂的计算机原理也了解得很扎实，更重要的是大大加强了动手能力。

投身科学，研制红旗机的
"拼命三郎"

1958年夏，王选以优秀的成绩和科研表现留校，在北京大学数学力学系工作，成为北京大学的一名青年教师，一年后调至新成立的无线电系。

在我国《12年科技发展远景规划》的部署下，1958年8月，以中国科学院计算技术研究所（简称中科院计算所）为主的科研单位，在苏联专家的指导下研制的我国第一台103通用数字电子计算机试制成功，开辟了中国计算机事业的新纪元。与此同时，中科院计算所还在研制一台每秒运算1万次的电子计算机——104机。

北京大学在高校中一马当先，也决定研制一台每秒达1万次定点运算的计算机——红旗机，如果成功，其运算速度可以列入当年世界前10名。

研制计算机的想法是张世龙提出的，得到了学校的大力支持，并被列入北京市重点科研项目。为了便于管理，北京大学把参加红旗机研制工作的教员和学生按连队编制组织起来，成立了"红旗营"，由张世龙担任"营长"，他把刚毕业不久的王选抽调过来，担任"营参谋"，做自己的"左膀右臂"。

在张世龙的带领下，王选和几名科研骨干负责具体设计任务，王选是逻辑设计的主力，并承担了部分电路设计和工程设计工作。1959年春，王选住进了实验室，

056

早、中、晚三段进行设计，夜里困了就打开铺盖，睡在办公桌上，开始了他一生中工作最狂热的阶段。

为了保证设计的严密性和准确性，王选反复检查，严格推导，不放过一处纰漏。他还想出一些独特巧妙的方法，使运算速度大大加快，设备得以简化。比如，在运算进位过程中遇到的一个整形电路，运算速度只有别的电路的 1/10，严重影响了运算速度。王选想起了自己的独门秘籍：上大学时，和同学们在东操场看露天电影，散场后，由于出口很窄，成百上千人只能一个挨一个地慢慢往前挪。而王选则采取了"溜边策略"，绕过中间的人群更快地走出操场，早早回到宿舍，让同学们羡慕不已，王选得意地称之为"最快的逃逸方法"。这一方法给王选带来了灵感，他设计了一个灵巧的存储进位方法，绕过了整形电路这只"拦路虎"，一下就使运算速度大大提高。王选戏称为"投机取巧""走捷径"。后来王选在研制激光照排和电子出版系统时，正是多次采取迂回策略，才实现了一次次技术上的跨越式发展。

经过几个月夜以继日的紧张工作，红旗机的逻辑设计顺利完成。张世龙高兴地看到，王选的设计在没有外来经验可以参考和借鉴的情况下，思路灵活，逻辑严密，算法准确。如此复杂的设计，只出了两个小错，实属不易！这也使王选感到欣慰和愈加自信。

接下来，红旗机开始全面组装。王选被张世龙指定参加整机的领导工作，并直接负责运算器的组装。红旗机是个庞然大物，运算器、控制器、存储器……10 个机箱摆满了机房，每个都有大衣柜那么大，包括几百个插件，成千上万个电子管，数万个焊点，几十千米长的接线，把这些元器件有机地组合起来，是一项十分艰巨的任务。夏日炎炎，王选和同事们画接线图、布板、做插件、焊接焊点……一丝不苟地做着这些烦琐的工作，他对工艺要求非常严格认真。一个周末，大家都休息了，王选来到机房，看到两个机架之间的线走得长了一点，"心里难受极了，好像我个人受到什么损失似的，连忙动手重新布线"。

经过一个暑假的埋头苦干，红旗机终于组装成功，进入联机调试的关键阶段。带着强烈的责任感和自信心，王选将全部精力投入工作中，像一台开足马力的机器，狂热地加速运转着，每天工作都在 14 个小时以上，最紧张的时候 40 个小时不睡觉。有时从实验室出来已是很晚，食堂关了门，王选就和同事到南校门外的饭馆点份饺子吃。有一次，饺子还没上来，王选已经趴在桌子上睡着了。因为长时间缺乏睡眠，有时甚至控制不住地说胡话，但一到机房，王选就变得格外精神，聚精会神地想出各种高招，解决一个又一个技术难题。

因为红旗机使用的是自行设计制造的国产元器件，当时磁心存储器不可靠，电路和工艺上也存在很大的问题，经常出现虚焊点，影响了机器的稳定运行。那段日子，王选和同事们一起检查焊点和线路情况，要在几万个焊点中找出虚焊点，称之为"打鬼"。拿着一个小锤子在插件上轻轻敲打，遇到有虚焊点的地方，一敲打机器就会马上停止运行，这样就"捉到了一个鬼"，然后把出问题的插件拔出来修理。由于靠人工查找太过烦琐低效，王选开动脑筋，专门设计了一个检查的软件，节省了不少时间，提高了效率。

这是王选设计的第一个被正式使用的软件。

主持整个机器系统的联调，需要准备好测试数据，以便在调试时看出波形，很费时间和精力，王选只好挤时间准备。他身上带着一个小本子，走在路上，或者去饭馆吃饭等菜的时候，就拿出小本子设计数据。当他把设计好的数据拿出来时，同事们由衷地佩服，都称赞王选是"拼命三郎"。

经过艰苦的调试，1960 年，红旗机终于成功运行，虽然由于磁心存储器等关键部件不过关，红旗机最终没有投入实际生产和使用，但它完全依靠自主力量设计、生产和调试，在技术上多有创新和突破。看着日夜拼搏、亲手设计的计算机实现了快速数学运算，王选和同事们欢呼雀跃，感到无比激动和自豪。

多年后，王选用"跌打滚爬"来形容这三年硬件第一线的战役，并对自己亲自动手工作产生了深刻的认识："一定要在年轻的时候养成自己动手的习惯。一个新思想和新方案的提出者往往也是第一个实现者，因为开头人们总会对新思想提出怀疑，而只有发明者本人才会不遗余力，承受一切艰难困苦、百折不回地予以实现。"

通过红旗机的研制，年仅22岁的王选才华初显，被公认为教研室中"脑子最灵活，记忆力最好，工作起来最玩命的年轻人"。他秉持逻辑思维严密、计算准确并严格审核的科研作风，在遇到难题时采取异于常人的思维方式和解决方法，在攻坚克难中表现出的"拼命三郎"精神，就像一场实战演练，为日后打响汉字激光照排攻坚战积蓄了坚强的战斗力。

病榻之上的创造源泉

　　王选一生有三次狂热的工作经历。第一次是高中时做社会工作，全身心投入，几乎无暇旁顾；第三次是研制激光照排系统，狂热却不失冷静和理智。最狂热的还要数第二次研制红旗机，特别是1959—1960年负责红旗机调试的那一年，是王选一生最紧张、最狂热的阶段，甚至玩命到不顾身体。等红旗机研制成功时，王选的身体却被摧垮了。

　　红旗机的研制工作告一段落后，系里交给王选一项教学任务——讲授"计算机逻辑设计"课。"红旗营"刚成立时，王选曾走上讲台，向100多位来自各地高校参加会战的师生讲过一堂题为"串联机的逻辑设计和电路设计"的计算机课，生动、有条理、深入浅出，受到了师生们的欢迎。这次是王选第一次给本科生开课，必须理论与实践相结合，通过三年红旗机的研制，王选觉得自己已具备了不少实践经验，应该在理论上下足功夫。他决定大量阅读外国文献，以了解国际上计算机技术发展的最新动向，而且不看翻译过来的中文书，只看原版英文文献。这样既锻炼了英文阅读能力，又避免译文不准确可能带来的误解。白天没有时间，王选就坚持在晚上10点以后挤出时间看文献。

　　此时的王选，除了缺乏睡眠，还忍受着饥饿的折磨。

　　1960年，我国遭遇了严重的自然灾害，米面都是定量供应，刚到北京时，食堂打饭论"两"，王选总是搞不清楚一两饭是多少，现在他已经非常清楚了。晚饭只有稀粥加一小碟黄酱，以前王选吃饭慢是出了名的，现在喝粥速度却不断加快，最高纪录是5分钟喝下3大碗滚烫的稀粥，夜晚工作时常常饿得饥肠辘辘。

　　屋漏偏逢连夜雨，就在这时，王选的20多斤粮票又被偷了，这可是他一个月的口粮啊！当时教研室有规定，不允许家里寄粮票，万般无奈之下，他只好向食堂提前预支，并答应在四五个月内偿还。为此，他把本来就不够的口粮每月又减少了四五斤，只能吃得更少了。同事们听说后，纷纷解囊相助，但大家的口粮都不够，只能一两、二两地接济，这对于23岁的王选来说，只是杯水车薪。过度的疲劳和饥饿使他全身严重浮肿，数月不退，时常头昏眼花，心跳过速。王选一边与浮肿和饥饿搏斗，一边阅读了100多篇关于体系结构、逻辑设计和电路设计等计算机技术的英文文献。

　　1961年夏，长期的劳累加饥饿彻底摧垮了王选的身体，一场大病降临了，低烧不退，胸闷憋气，呼吸困难，去了几个大医院，有的诊断王选得了红斑狼疮，有的则认为是结节性动脉周围炎，这些在当时都是很难医治的重病，虽然用尽了能用的治疗办法，王选却始终低烧不退，行动困难，一日三餐全靠同事帮着到食堂打饭。

学校的食宿起居条件实在简陋，1962 年，王选不得不回到上海的父母身边治病。离开北京时是 6 月，天气已很炎热，王选却披着一件棉衣，在同事们的搀扶下登上了回家的火车。看着同事们难过凝重的表情，天性幽默的王选微笑着开起了玩笑："同志们，永别啦！"没有人笑得出来，因为大家真的无法预料，王选还能不能活着回来。

回到上海温暖的家，石库门的房子一点都没变，只是父亲母亲都老了。做人本分正直的父亲被戴上了"右派"的帽子，情绪低落。母亲看到儿子瘦得弱不禁风，心疼的同时，坚强地鼓励王选，带着他跑了几家大医院。医生需要了解王选过去的病情，可是病历在北京的医院没带回来，王选就根据回忆写了一份详细的病历。医生看后问王选："你是在医院工作的吧，病历写得这么专业。"听王选说是搞计算机的，医生连连赞叹："难怪逻辑严密，用词准确。"

不过，上海的医院对王选的病也是一筹莫展。母亲打听到一位医术高超的老中医，连忙带王选去瞧，抓药、熬药，还花样翻新地给王选做各式饭菜。王选的病，其实是劳累过度引起功能失调和自主神经功能紊乱造成的，在老中医的悉心调理和母亲的精心照料下，王选总算从生死线上逃了回来。

在最初养病的那些日子里，王选虚弱得无法进行科研，他捡起了自己最大的业余爱好：京戏。王选一本本翻阅着20世纪40年代父亲订阅的戏剧杂志，像看文献资料那么认真，边看边对照着听唱片，沉浸在悠扬的京腔京韵里，对京戏的理解和喜爱又上了一个层次。待身体稍好一些，他到附近的公园散步，看到一位精神矍铄的老人在打太极拳，便跟着学了起来。在行云流水、刚柔相济的阴阳开合之间，王选感到心神宁静，浑身舒泰。从此，打太极拳成为王选主要的锻炼方式，并伴随着他的一生。

王选是个不甘碌碌无为的人，身体稍有好转，他又想到中断了的文献研究。数学力学系有位从美国回来的董铁宝教授，带回来不少资料，还订阅了美国计算机学会的权威杂志 *Communications of ACM*，王选便委托同事辗转借来，如饥似渴地钻研起来。

王选的英文水平在系里数一数二，不用字典就可以轻松阅读英文专业书，但他发现自己的阅读速度总是上不去，做不到像中文那样一目十行。他想，学习英语讲究听、说、读、写，如果提高了听力水平，阅读文献的速度肯定会大大提高。于是，1963 年年初，王选决定锻炼英语听力，这被他称为人生中的又一次重要抉择。

如何练听力？按照当时的条件，只能通过收听英语广播来实现。王选的二哥是复旦大学物理系教师，曾经组装过一台收音机，里面加了短波波段，王选喜出望外，一番拨弄，很快找到了北京电台的对外英语广播节目，开始每天定时收听。越听越熟练，王选觉得不过瘾了，开始寻找外语广播，很快找到了英国广播公司（BBC）对远东的英语广播，每天下午五点播放一刻钟的新闻，然后是一些科技节目。它的发音比中国对外广播的发音要标准，难度也更大，正合王选的心意。不久，王选又找到了印度德里电台的广播。此后连续两年多时间里，王选每天坚持听半小时英语广播，听力水平大幅提高，连 BBC 和德里电台的味道，都能分辨得很清楚。

现在看来，王选的做法没有什么新奇之处，但在 20 世纪 60 年代，这样做的理科教师凤毛麟角。通过这一方法，王选的英语口语和阅读水平突飞猛进，为后来在科研中了解国外技术发展方向、采取独特的技术途径，都起到了重要的作用。

20 世纪 60 年代初，美国的计算机工业已很发达并形成了产业；英国也有许多耀眼的创新成果纷纷问世，如变址、闭子程序、微程序和虚拟存储器等。王选进入了一个精彩纷呈的计算机世界，并为此兴奋异常。最让他激动不已的是 1961 年年初看到的一篇关于 Atlas 计算机的简短报道。Atlas 是英国曼彻斯特大学于 20 世纪 50 年代末研制的一台大型计算机，每秒运算高达几十万次，首次提出并实现了虚拟存储器（当时叫作一级存储器）的概念。这是一篇很短的报道，其中有关虚拟存储器概念的叙述只有几行字，却被王选敏锐地捕捉到了。他兴奋得一中午没有合眼，直觉告诉他，这将是计算机历史上的一个重大贡献。

激动、叹服过后，王选反问自己，为什么我只能欣赏别人的成果，而不能有自己的创新思想呢？他开始研究做出这些创造性成果的科学家的知识背景，一下就发现了规律：第一，他们大多具有两个以上领域的知识和实践，比如 Atlas 计算机的主设计师汤姆·基尔伯恩（Tom Kilburn），就既精通程序，又有出色的无线电才能；第二，当时计算机硬件方面的很多高招都来自程序和应用（后来叫作软件）的需要，正是硬件和软件的巧妙结合，给计算机体系结构带来了一系列的突破。

王选发现，自己虽然有过研制计算机的经历，但只掌握硬件设计方法，不懂得程序和应用方面的知识，不会从使用的角度来研究计算机，所以很难产生创新的想法。于是，大病未愈的王选做出了他一生中最重要的决定：从事软、硬件相结合的研究，以探讨软件对未来计算机体系结构的影响。

选择什么项目进行研究呢？王选想起自己看过的一系列关于 ALGOL 60 高级语言编译系统的文章。"ALGOL 60 语言"是联合国教科文组织下设的一个工作小组设计的计算机高级语言，由于计算机不能直接识别高级语言，所以必须把高级语言翻译成机器语言。这种翻译高级语言的程序，就叫作"编译系统"。

直觉告诉王选，不久的将来，高级语言会大大流行，成为编写程序的主要方式。而要使高级语言程序运行速度快、效率高、程序短，必然会对机器的体系结构提出一些新的要求，从而会对计算机体系结构产生重大影响。这是一个重大的发展方向。

王选决定，进行软、硬件结合的研究，就从研制 ALGOL 60 高级语言编译系统入手。这是王选又一个闪烁着前瞻意识的决定，因为当时整个中国也只有两家科研机构的软件专家在研制这一系统。

到哪里去找高级语言编译系统的资料呢？王选再次求助于同事，千方百计借到了一本中科院计算所油印的英文资料——《ALGOL 60 修改报告》。王选喜出望外，迫不及待地翻开看时，却高兴不起来了。因为这份报告是给软件专家看的一份非常专业的文件，两三年后才有介绍这一语言、解释其疑难问题的通俗文章出现。所以，王选感觉自己像是在看一本"天书"，晦涩难懂。

经过一遍遍地仔细推敲研究，半年后，王选终于彻底读懂了这本"天书"。他有一种茅塞顿开的感觉，随即就马不停蹄地开始了 ALGOL 60 高级语言编译系统的设计，设计好一部分方案，就把它寄到北京大学，由同事们在一台 DJS–21 计算机上具体实现。

从那以后，王选在软、硬两方面的学术水平和实践能力有了一个质的飞跃，他再翻看国外文献时，常常能发现其中设计的不足，继而想出更好的解决方法。王选感到创造的源泉如冰雪消融，正化作潺潺泉水，川流不息。他相信，一旦有了这种源泉，中国人完全可能和外国人同时或更早提出某些新的思想，有新的突破。

　　20世纪50年代末到60年代初，软件尚未充分发展，硬件则还是分立元件时代，即使在计算机技术相对发达的西方，同时通晓软、硬件，并具有两方面实践经验的人也是不多的。从这一意义上说，王选可以称得上是我国从事软、硬件相结合研究和实践的先驱，这也是他日后能够承担激光照排系统研制的决定性因素。

重获新生的爱情传奇

随着科研上不断取得突破，王选的身体日渐好转，心中也越来越强烈地涌动着对一位姑娘的爱慕之情，她就是一次次雪中送炭、给王选借来美国计算机文献和ALGOL 60高级语言编译系统资料的陈堃銶。

陈堃銶比王选早一年考入北京大学数学力学系，是王选的师姐，也是上海同乡，曾与王选一起被评上北京大学优秀生。陈堃銶有一副清澈明亮的好嗓子，是北京市大学生合唱团的成员，经常参加接待外宾等演出。无独有偶的是，陈堃銶也选择了计算数学方向，毕业后分配到北京大学数学力学系工作，担任计算方法和程序设计课的辅导课教师。她聪慧细致、开朗快乐的个性和悦耳的嗓音，赢得了王选和同学们的喜爱。有几次，王选因为忙于"北大一号"机的实习，没有及时交作业，结果期末打分时，别的老师给王选打的大多是5分，陈堃銶偏偏给他打了4分，并对他说："这是对你不按时交作业的惩罚！"因此，陈堃銶在王选的印象里，又是个认真负责、铁面无私的"小先生"。

王选留校参加红旗机的研制后，与陈堃銶成了同事，当时王选是"营参谋"，陈堃銶则是"营部秘书"，在工作中的接触多了起来。陈堃銶发现，两人在一些细节上竟十分相似，比如，他们上大学时从家里带来的皮箱、行李袋几乎一模一样；陈堃銶吃饭速度慢，同学们开玩笑说她是"背饭桌的"，没想到王选吃饭的速度比她还慢，常常是最后离开食堂的人之一，被戏称是"背饭厅的"。

1962年，王选在回上海养病的火车上巧遇回家探亲的陈堃銶。陈堃銶关切地询问王选的病情，宽慰他安心治疗，并仔细地记下了王选家的地址。

不久，陈堃銶真的来家里看望王选了，这让王选喜出望外，两人聊了许久，王选进一步了解了陈堃銶的曲折身世：小学三年级时，陈堃銶的母亲就因病去世了，父亲在中华人民共和国成立前加入了国民党，从事通信技术工作，为抗日战争服务，曾参加淞沪会战以及滇缅公路等工程的建设保障工作。由于长年在外奔波，陈堃銶被送到上海的亲友家，过着寄人篱下的日子。抗日战争胜利后，父亲转到杭州浙赣铁路局工作，陈堃銶跟着父亲来到杭州，考上了著名的杭州高级中学。但后来父亲遭受不白之冤，失去了工作，生活陷入困境。陈堃銶自立自强，学习倍加努力，1953年一举考上了北京大学数学力学系。坎坷的经历锻炼了陈堃銶的生存能力，也养成了她独特的性格：既坚忍顽强、疾恶如仇，又活泼善良、热心助人。

临别前，王选托陈堃銶回北京后帮他找一些最新的计算机文献来看。陈堃銶对王选病中还不忘钻研的劲头十分佩服，想方设法四处搜集，终于找到了王选渴望已久的科研资料。随着不断的鸿雁传书，王选发现，他与陈堃銶性格互补，志趣相投，两人好像有说不完的共同语言。

想到这些，王选的心里充满了柔情和温暖，他措辞良久，怀着忐忑不安的心情给陈堃銶写了一封意味深长的"感谢信"，委婉地表达了自己的爱意。

陈堃銶收到王选的信后，读第一遍时居然没有看懂。王选在信中除了表示感谢，还写了一些哥哥、姐姐都是党员之类的家庭情况，并表示自己的身体将来一定会康复。为什么要和自己说这些？陈堃銶又读了一遍才恍然大悟，原来王选的意思是要和自己"进一步发展关系"。

陈堃銶有些拿不定主意，上大学的时候，她和同学们以为王选什么文艺细胞也没有，只知道搞科研，长得又瘦，就叫他"面包干"。后来才知道，王选心地善良，才华出众，对京剧很在行，是个难得的好人。但陈堃銶还有一个顾虑，就是王选的身体。不过心地善良的她转念又想，"对于一个生病的人，应该鼓励和支持他，而不应该拿感情的事折磨他"。最终，陈堃銶给王选回信，同意发展两人之间的关系。从此，鸿雁南来北往，两人的恋情正式确立了。

爱情是胜过世间一切良医的神药，加上计算机文献这副独特的"补剂"，王选终于从生死线上逃了回来。1965年夏，王选接到陈堃銶的来信，得知ALGOL 60高级语言编译系统被正式列入北京大学的科研计划，他兴奋得在上海再也待不住了，他告别父母，回到了阔别三年的校园。

软件设计是一项十分艰苦的工作，王选的身体还很虚弱，为了让他专心研制，同时进一步康复，系里专门分给他一间宿舍。王选每天不停地写着、算着，实在累得不行了，就靠在床上工作。好在有陈堃銶，她被王选的奇妙设计所折服，进而心领神会，总能编写出精确漂亮的程序去实现。

1967年，ALGOL 60高级语言编译系统研制成功，因其方便性和实用性很受欢迎，在几十个用户中得到推广，被列入"中国计算机工业发展史大事记"。

然而，在那个动荡的年代，王选的科研之路再次中断。身体原本就虚弱的他，在一次去参加麦收劳动时旧病复发，不得不申请到远在郊区的北京大学昌平分校静养。这里空旷寂寥，王选的宿舍在四楼，冬天没有暖气，靠蜂窝煤炉取暖，寒冷难耐。他病得下不了楼，多亏食堂有位好心的温师傅每天送来饭菜，这让王选终生难忘。

最让王选盼望的是周末，陈堃銶会从北京大学乘车到昌平来看他，给他带来罐头、点心和水果，小屋里顿时充满了生气和快乐。

然而，七天一次的相会等待时间太过漫长，王选的病一天天加重，必须得到精心护理。从小就有主意的陈堃銶，做出了一个让王选不敢相信的大胆决定，她对王选说：

王选，我们结婚吧！

王选一听，不敢相信自己的耳朵，"我的身体病成这样，怎么可能结婚？"

正是因为你的身体，我们才要赶快结婚，我可以名正言顺地照顾你！

听了陈堃銶的话，王选心中溢满温暖和感动，千言万语涌动着，却一句也说不出来……

 1967 年 2 月，在北京大学未名湖北岸的一间小屋里，王选和陈堃銶悄悄地举行了婚礼。陈堃銶花一元钱买了一块小搓衣板儿，同事们找来两张单人床一拼，两个人把各自的箱子铺盖搬到一起，就算是结婚了。没有热闹的仪式，没有隆重的贺礼，两颗心却从此心心相印，再不分离。

 王选夫妇住的是北京大学健斋三楼一间 10 平方米的南房，坐在窗边能晒到太阳，还能看到窗外的未名湖水，但生活却极不方便，既没有自来水，也没有下水道和厕所。病中的王选别说上下楼，就连出门的力气都没有，家里家外都由陈堃銶一人操持：白天上班累了一天，回到家还要下楼打自来水，倒污水，到地下室生炉子熬中药，到食堂打饭……个子瘦小的她身体本来就不好，经过这么一折腾，很快就累瘦了。在陈堃銶的精心照料下，在邻居和同事们的热情帮助下，王选的身体渐渐好转。可他却怎么也没有想到，厄运再次降临了：因为在上海养病期间收听英语广播，他被扣上了"偷听敌台"的"罪名"，勒令进学习班，写检查，"交代问题"。生活再次陷入了一片黑暗。

 王选所在的学习班虽然就在校园内，但只有周六能让回家，周日傍晚，一听到学校广播站的开始曲，王选的心情就变得格外抑郁，因为又要回仿佛监狱一样的学习班了。他想不通，自己听英语广播明明是为了提高文献阅读能力，当初还与系领导谈过，而且是大家都知道的，怎么就成了"偷听敌台"？想想自己的病医治无门，王选感到极端痛苦和无奈，甚至一度产生了轻生的念头。

陈堃銶看在眼中，急在心里。虽然她也承受着巨大的压力，但她尽量克制住情绪，宽慰王选一定要坚强，相信希望总有一天会到来。王选周末回来，陈堃銶就做好可口的饭菜，听王选发发牢骚，讲讲委屈，让王选感受到家的温暖。到了周日，陈堃銶又夹着被子，把王选一直送到学习班，铺好床才走。

那段日子是王选活得最艰难的岁月，幸亏有百般理解、呵护他的妻子陈堃銶，两人相互搀扶着、鼓励着，终于挺过了这一关。王选后来感叹："那些年，多亏有她我才坚持下来，一个人如果有真正信任你、理解你的妻子，是不会轻易自杀的。"

的确，在王选此后的人生中，陈堃銶不但是他事业上最忠诚得力的助手，更是他生活和精神上不离不弃的坚强支柱。他们的爱情就像未名湖畔的蜡梅，绽放出一部傲立风雪、坚忍顽强的稀世传奇。

位卑未敢忘忧国

学习班的沉重压力，使王选的病又有了加重的迹象，工宣队见状，只好让他暂停学习，回家"思过"。接下来的岁月，王选被打入"另册"，无权工作，成为每月只拿40元劳保工资、在家养病的老病号。

1970年年初，王选夫妇搬进了佟府乙8号一所小小的院落，院子里有一棵高大的柿子树，枝叶繁茂，到了秋天柿子便挂满枝头。院子里只有三间房，却住着三家人，十分拥挤。王选他们住的屋子只有10平方米，除了一张大床，一个小柜子，一桌二椅，再也放不下其他东西。厕所和水房只有2平方米，三家合用。没有厨房，就在门口的平台上生炉子做饭，春天风一吹，柳絮直往锅里飘。冬天屋里没有暖气，只好在床边生一个蜂窝煤炉子，空气不流通，乌烟瘴气，早上屋里只有4度，一到冬天，王选就每日捂着胸口剧烈地咳嗽。

当时，北京大学正与石油工业部协作，研制一台每秒运算百万次的计算机——150机，属绝密项目。一天，陈堃銶接到通知，由于她有编译程序的经验，被抽调到"150机"课题组，参加研制工作。王选当然没有资格参加，但他很高兴，准备悄悄协助妻子大干一场。没承想不到三天，上面就通知陈堃銶：马上离开项目组，一小时内收拾行李去昌平200号劳动。当时王选还在病中，陈堃銶只好请同事替王选到食堂打饭先维持几日，等周末回来再找人照顾王选。此时陈堃銶心中燃起一腔怒火，回到家，再也控制不住情绪，边哭边把大学毕业证书找出来撕成两半，把最喜欢的数学分析书也扔掉了。在200号冬天没有暖气的屋里，陈堃銶被发配给瓦工当小工，手指关节处长出许多骨刺，隐隐作痛。

望着妻子遭受这样的痛楚，王选既心疼又愧疚："是我连累了你！"陈堃銶苦笑道："不只因为你，谁让我们出身不好呢！"

那些日子，王选的身体一直没有大的好转，胸闷憋气，低烧不断，陈堃銶在门前放一张破木椅，天好的时候王选就坐在外面晒晒太阳。深秋时，望着高高的枝头上挂着的几个孤零零的柿子，王选想起了同事说的话："你将来可以翻译翻译资料，搞搞文献情报工作。"言下之意是，搞研究设计这种既费脑力又耗体力的工作恐怕不行了。果真如此吗？难道自己辛辛苦苦找到的创造源泉，还没有来得及汇成江河，就枯竭了？王选真的不甘心。

1972年春，就在王选苦闷彷徨之际，一件偶然的事，点燃了他重新进行科学研究的梦想。

一天，在"150机"课题组工作的同事马秉锟来看望王选，他一进门就紧锁眉头，原来项目遇到了难题，由于设计程序中使用的磁带的工艺质量不过关，磁带上面经常出现麻点，导致磁带发生多位错误，但当时采用的纠错码只能纠正一行信息中出现的一位错误。项目组试图找出能纠正双重错误的纠错方案，研究了很长一段时间，却一筹莫展。

马秉锟的话顿时引起王选极大的兴趣，他决定试试。

马秉锟一走，王选就伏在桌上设计起来。当时陈堃銶在厂里搞项目，星期六才能回家，回到家就看到满桌子的演算稿纸和数据表格，王选把它们剪成一条一条的，在那里拼来拼去。没有计算机，王选完全用手工对几百种编码方案进行筛选论证。当时他正发着低烧，每天从早算到晚，有时累得筋疲力尽了，就靠在椅子上喘息一会儿，然后接着设计。开始总不顺利，后来王选忽然找到了规律，把编码稍稍移动了一下位置，只需用附加的八位信息，就能纠正同一行的另外八位信息中的双重（两个）错误。

两个星期后，王选终于设计出一个巧妙的两位纠错码方案，把问题解决了！他兴奋地拿给马秉锟看，马秉锟连连赞叹："太巧妙了，我们怎么没想到呢！"不过，他没敢"暴露"是王选的设计，回去悄悄把方案重新抄写加工了一番，拿到 150 机的磁带上一试，一举成功。

王选这样做，得不到任何名与利，甚至不能让同事们知道，但他心甘情愿，乐在其中。最重要的是，这件事证明，虽然久卧病榻，但脑子没有坏，还可以继续实现科研梦想，这让王选信心大增，心头郁积的愁绪一下子消散了，创造欲再次被激发起来。

20 世纪 70 年代初，世界计算机技术正发生着日新月异的变化，王选让陈堃銶从图书馆借来一些英文的计算机杂志，像前几年那样开始了解国际动态。这些杂志当时没有什么人看，所以很容易借到。王选发现，由于有了软、硬件两方面的经验，再看别人的成果时，经常能找出不足的地方。后来，王选自己动手了。他结合研制编译系统时体会到的软件对计算机设计的需求，设计了一种新型计算机体系，它结构新颖、高效，与当时先进的 IBM360、IBM370 相比，目标代码的长度只有其 1/2，性能也有不少改善。

1972—1974 年，王选边养病边进行新的计算机体系设计，他把多年的学习心得和实践经验一点一滴总结出来，没有力气写字就把要写的内容先在脑子里贮存，等有力气时再写成文章，这使他锻炼出了惊人的记忆力，也完成了十几万字的设计方案，在一些同事之间传看。然而，王选的身份和境遇，使这一方案遭到了拒绝，被嘲弄是"关在屋子里想出来的脱离实际的东西"，不但不予理睬，连手稿也不知去向。后来王选取其精华，在1975年写成一篇题为"介绍一种适合软件的新型计算机"的长达3万多字的文章，试图发表。但直到1978年，这篇凝聚着王选心血的论文才刊登在当时我国唯一的计算机杂志《电子计算机动态》上，尘封了3年后终见天日。

多年后，当王选发现论文中设计的计算机不能运行国外流行的系统软件和很大一部分应用软件，与国外计算机不兼容时，他自我检讨：如果这台计算机上马，那一点点创新所带来的好处远远抵不上不兼容所带来的严重后果，真要这样做，将是劳民伤财而毫无结果。不过，在20世纪70年代风雨如晦的时代背景下，王选这样一个身体病弱又上了"另册"的小人物，能够用数年的时间，坚持不懈地设计出一台有多处创新的计算机，其本身的象征意义远远大于实际意义。

1974年，王选在设计完新型计算机结构后，对汉字输入产生了兴趣，他和陈堃銶一起用几个月时间研究出一套"小键盘输入汉字的方法",将汉字拆成偏旁、部首等字根,用常用的小键盘输入计算机,再由软件转换成该汉字的编码(编号)。王选发现这一方法的可行性非常大,为此他还做了一段时间的拆字输入设计。可以说,这是王选第一次动手解决汉字输入计算机的问题。

与此同时,王选仍没有忘记英语听力训练。当然不能再听外台了,他想出了新的办法,买一期《北京周报》(*Beijing Review*,这是当时中国唯一的中央级英文时政新闻周刊),先好好读懂,再听中央台的英语新闻广播,使自己的英文水平不断提高。他坚信,自己这样做,早晚有一天会派上用场,因为中国一定会好起来、一定能找到富强的道路。

就这样,王选一边钻研,一边坚持锻炼:散步、打太极拳……门前五六米长的走廊上,每天都可以看到王选来回踱步的身影。

孟子曰:"天将降大任于斯人也,必先苦其心志,劳其筋骨,饿其体肤,空乏其身,行拂乱其所为,所以动心忍性,曾益其所不能。"从 1958 年大学毕业到 1975 年,整整 17 年,王选生命中最宝贵的青春时光就这样逝去了,他经历了红旗机、ALGOL 60 高级语言编译系统、150 机等科研攻关的艰苦与历练,饱受了病痛的折磨和种种磨难，也拥有了人世间最珍贵、足以让他托付一生的爱情。"零落成泥碾作尘，只有香如故"，也许命运让王选遭受这么多磨炼，就是为了让他迎接更大的挑战。

1975 年，38 岁的王选迎来了一生中最大的转折。

天降照排大任

20 世纪 70 年代，美国等西方国家计算机技术的发展突飞猛进，应用领域日益扩展，显示出对整个社会乃至人类生活的巨大影响力。然而，计算机是西方发明的，它建立在英文基础上，要使计算机能处理汉字，就要解决汉字的数字化、汉字输入和输出以及字形在计算机中的存储等一系列问题，也就是汉字的信息处理问题。英文只有 26 个字母，大小写加起来也不过 52 个，而汉字字数繁多，《康熙字典》收入的汉字达 47000 多个，常用字就有 6700 多个，还有多种字体和不同大小的字号。庞大的信息量使得汉字进入计算机成为世界性难题，甚至有专家预言，"计算机是方块汉字的掘墓人，也是汉语拼音文字的助产士""要想跟上信息时代的步伐，必须要走汉语拼音化的道路"。

为了让汉字跟上信息时代的脚步，使中华文明得以传承与发展，1974 年 8 月，在周恩来总理的亲自关怀下，我国设立了"汉字信息处理系统工程"，简称"748 工程"。该工程被列入国家科学技术发展计划，由原电子部成立"748 工程"领导小组，开展具体工作。

王选是从陈堃銶那里第一次听说"748 工程"的。

1975 年年初，陈堃銶因为眩晕症经常发作，教研室便让她管些杂事。一天，陈堃銶参加了北京大学组织的一项关于计算机应用的调研，得知国家有个"748工程"，包括3个子项目：汉字精密照排系统、汉字情报检索系统和汉字远传通信系统。

回到家后，陈堃銶便把了解到的情况说给王选听。多年的科研实践使王选具备了敏锐的判断力和前瞻的眼光，他对"汉字精密照排系统"这个子项目情有独钟，因为只有将出版物用计算机处理，资料存入了计算机，才可能进行检索，可见汉字精密照排是基础。他预感到这是一个价值和前景都不可估量的重大项目，就和陈堃銶仔细分析起来。

汉字精密照排是指运用计算机和光学、机械等技术，对中文信息进行输入、编辑、排版、输出及印刷，研制这一系统的目标，就是用现代科技对我国传统而落后的印刷行业进行彻底改造。

印刷术是古代中国的四大发明之一，开始于隋朝的雕版印刷，北宋时毕昇发明的活字印刷术是继雕版印刷之后的又一项伟大发明，被称为我国第一次印刷技术革命。1450年左右，德国的谷登堡发明了铅活字机械印刷术，19世纪传入中国，逐步成为中国印刷业的主宰。进入20世纪后，随着电子计算机和光学技术的迅速发展，西方率先告别了活字印刷，采用了电子照排技术，而中国仍是"以火熔铅，以铅铸字，以铅字排版，以铅版印刷"的"热排工艺"。当时中国最多的工厂恐怕就是印刷厂了，约有 1 万家，但大多是装备落后的小厂。王选和陈堃銶都见过这样的印刷厂：排版车间里是一排排黑压压的铅字架，检字工人穿行其间，一手托着一个固定尺寸的托盘，拿着文稿，一手从架子上拣出与文稿对应的铅字，按顺序码放在托盘中。一天下来，一个拣字工相当于托着沉甸甸的铅字盘来回走了十几里路，手指也被染得漆黑。

拼版工负责把拣字工拣好的铅字按排版格式要求码放在规定好尺寸的版框中，待一页页拼版完成之后，再打出校样校对。如果校对后要修改，就要把铅字版部分甚至全部拆开重排，拼版工最担心的就是"推行倒版"工作。

定稿后的铅版，如果印数少（称作短版），就直接上机印刷；如果印数多（称作长版），还要到专门的机器上打成纸型，再浇铸成铅版，上机印刷。

印刷后用过的铅字，要倒入铅锅中熔化成铅水，再倒入铜模中铸成各种字体、字号的铅字，按文字偏旁部首和笔画顺序码放回排字架上。

常年的"铅熏火燎"，使很多排字工和熔铅铸字工遭受不同程度的铅中毒，过一阵就要排一次铅毒，身体受到很大危害。

据统计，当时我国铸字耗用的铅合金达 20 万吨，铜模 200 万副，价值人民币 60 亿元。不但能耗大，环境污染严重，而且出版效率也很低，一本普通图书从发稿到出版要一年左右，报刊的数量和品种也十分匮乏。在当时印刷品占信息量 70% 的情况下，我国平均每人每年获取的文字信息仅有 15 个字，而发达国家是我国的 100 倍！

王选激动地想，如果汉字精密照排系统项目研制成功，不但可以使印刷工人彻底从以前繁难的工作中解放出来，引起中国出版印刷领域一场轰轰烈烈的革命，还可以使汉字插上数字化的翅膀，使计算机成为中国大众工作和生活的现代化工具，这是多么激动人心的创举！想到这些，王选兴奋得再也坐不住了，他决定立即着手开始研究。

陈堃銶太理解王选的心情了，她完全支持丈夫的决定，愿意和他一起研究。就这样，两人开始了他们为之呕心沥血、奋斗余生的宏伟事业。

按照习惯，王选首先要把国内外照排系统方面的研究现状和发展动态了解清楚，由于北京大学图书馆的资料不够全，所以他开始到位于和平街的中国科技情报所查阅资料。每周去三四次，一待就是半天。从北京大学到情报所的公交车费是2角5分，这对于每月工资只有40元、没有科研经费的王选来说，是一笔不小的数目。他发现，少坐一站就可以节省5分钱，于是一连几个月，他都是提前一站下车，拖着虚弱的身体走到情报所。

在那个科技知识匮乏的年代，情报所许多有关照排系统和印刷的外文文献都无人问津，王选是那些杂志的第一个借阅者，说明涉猎这一领域的人寥寥无几。他如饥似渴地浏览着，当时复印一页资料要7分钱，为了省钱，王选很少复印，而是动手抄在随身携带的笔记本上。

多年来打下的英语功底使王选毫不费力地阅读着外文文献，并很快摸清了动向。他了解到，20世纪40年代美国就发明了第一代手动照排机；到了70年代，日本流行的是第二代光学机械式照排机，欧美则已流行第三代阴极射线管照排机；英国一家叫作蒙纳（Monotype）的公司正在研制第四代激光照排机，由于还处于研制阶段，所以能查到的资料非常有限。

我国当时已有5家攻关班子在研究汉字照排系统，都是追随国际流行的技术潮流，其中2家选择了二代机，3家采用了三代机。王选和陈堃銶认真分析后认为，这两条路在当时的形势下都走不通。第一，二代机用机械方式选字，需要非常精细的机械制造工艺，而我国当时的机械工业水平很难达到要求；而且，二代机不能适应复杂版面的要求，不可能实现文图合一的输出。第二，三代机所用的阴极射线管比黑白电视机的分辨率高 20 倍，生产难度非常大，校正电路也很复杂，同时对底片的灵敏度要求很高，当时的国产底片很难过关，要研制成功也是非常困难的。

最关键的是，在汉字信息的存储方面，这 5 家采取的全部是模拟存储方式，就是把汉字像西文那样制作在有机玻璃圆盘或圆筒上，进行照排。

至于第四代激光照排系统，王选只看到很少几则报道，英国蒙纳公司正在研制这种世界上最先进的技术：将字模以数字点阵的形式存储在计算机中，输出时用激光束在底片上直接扫描打点成字。激光照排分辨率高、精度高，幅面可以很大，速度潜力也很大，还可以过渡到激光直接制版，前景十分诱人。但是，蒙纳公司的激光照排还处于研制阶段，而且反映困难重重；美国一家公司研制出了样机，但很难达到廉价推广，很快就放弃了推出商品的计划。

王选敏锐而大胆地意识到，研制汉字照排系统，应该放弃追随国外二、三代技术，直接研制第四代激光照排系统，但前提是先解决汉字信息的数字化存储问题。

选择前人没有走过的路，意味着将要面临无数沟壑难关，而这正是喜欢挑战的王选所期待的。多年后，王选被问到的最多的一个问题是：当初为什么要选择照排项目？他分析说：

汉字精密照排的难度是显而易见的，正是它的难度和价值吸引了我。我搞项目一贯追求的目标是：不鸣则已，一鸣的话，就要在某些地方惊人，一定要比前人有进步，否则就没有什么意思。一旦选择了项目，那么我就要不遗余力地把它做到能够实用，能够推广，绝不半途而废，这也是我的一个原则。

这正是王选的可贵之处，他喜欢挑战，喜欢"标新立异"，他从一开始选择汉字精密照排项目，就看到了它的巨大难度和实用价值，并且抱定了攻克难关、推广应用的目的和信心。王选的这一选择是完全自发的，因而也是自主的，所以，他的创造激情被彻底激发了。

"从 0 到 1" 的颠覆性创新

如何采用数字方式把庞大的汉字字形信息存储进计算机中，是王选要攻克的第一道难关。五六月的北京，春光正好，王选搬把椅子坐在门前的柿子树下，像是着了魔一样，手拿放大镜盯着手中的报纸或字典，他不是看内容，而是在研究每一个字的结构笔画。

数字存储，就是把每个字的字形变成由许多小点组成的点阵，每个点对应着计算机里的一位二进位信息，有笔画覆盖的小方格记为 1，没有笔画覆盖的小方格记为 0。这样，组成汉字的全部小方格就被处理成了由 0 和 1 信号组成的数字化字模。

用计算机排版，必须把全部汉字的数字化字模存放在计算机里，供各种报纸、书刊排版使用。很显然，只有方格画得越细越密，字形才越逼真，也才能符合印刷质量的要求。

王选拿起笔在纸上画起来，他大致算了一下，报纸上常用的小字是五号字，一个五号字大约需要划分为 $100 \times 100 = 10000$ 个方格，也就是要一万个由 0、1 信号组成的点阵。而排标题用的大号字则需要 1000×1000 以上的点阵。

经过进一步分析，王选和陈堃銶被汉字字形庞大的信息量震惊了。汉字字数繁多，常用字就有五六千个，印刷时又有宋体、黑体、仿宋、楷体等 10 余种字体，每种字体还有约 20 种大小不同的字号。如果将所有字体、字号的汉字全部用点阵存储进计算机，信息量将高达几百亿位甚至上千亿位。

现在的计算机存储条件存进这些汉字信息也不成问题。但在 1975 年，我国国产的 DJS130 计算机，内存是磁心存储器，最大容量只有 64KB；外存是一个 512KB 的磁鼓和一条磁带，到 1978 年进口的保加利亚磁盘也只有 6MB。内存、外存加起来总共不到 7MB，也就是不到 6000 万位，根本无法容纳如此庞大的汉字信息。

王选遇到的也是多年来横亘在中外科学家面前难以逾越的高山：德国 Digiset 公司采用黑白段的字形信息描述方案，描述每行黑段（即有笔画的地方）的起点和终点，压缩量很小，对付 26 个英文字母还可以，但对付海量的汉字点阵信息就行不通了，而且无法使汉字做精确的大小变化，变小时容易出现笔画中断，变大时则可能出现"马赛克"。

日本电气公司 NEC 曾发明了一种字根组合方案，在系统中存放几百个汉字的基本部件，每个基本部件用折线轮廓表示，然后由基本部件拼出汉字。尽管压缩倍数不小，但很难保证字形质量和变倍后的笔画匀称性，所以还没投入实际应用便夭折了。日本业界把汉字字形信息的计算机处理形容为"比登天还难"。

必须想出一种巧妙且有效的方法，对汉字信息进行大大压缩，并且能保证字形变大变小后的质量，这是关键的第一步。

王选琢磨着每个汉字的笔画，渐渐发现了规律：汉字虽然繁多，但每个字都可以细分成横、竖、折等规则笔画和撇、捺、点、钩等不规则笔画。此时，学数学出身的王选脑海里闪过一个念头：何不尝试另辟蹊径，用数学方法寻找突破口？

陈堃銶在工作之余，也加入王选的研究中来，她请学校印刷厂帮忙，找来字模稿，将字模稿上的一个个汉字字形放大到坐标纸上，再描出字形的点阵，进而统计笔段。

王选首先想到的是用"轮廓"描述汉字字形。在笔画的轮廓上选取合适的关键点，用直线相连成折线来代表汉字的轮廓曲线。

然而，在进行文字变倍试验时，横、竖、折这类规则笔画，如果用轮廓方法表示，在放大或缩小后却可能变得粗细不均。

经过反复研究，一个绝妙的设计方案在王选的脑海中形成了：对于规则笔画，可以用"参数"的方法来描述它们的长、宽、起笔和收笔的笔锋，并在坐标纸上对起始位置进行标注，以此完整地确定其形状和位置，还可以很好地控制笔画在变倍时的质量。最妙的是，这样就不用把所有字号的汉字信息都存入计算机中，而是只存储一两种有代表性的字号，然后通过放大或缩小来变出其他字号，从而达到更高的压缩倍数。

王选不停地描绘着，计算着，一张张草稿纸上写满了坐标、参数、公式和笔画，他和陈堃銶惊喜地发现，这种"轮廓加参数"的压缩信息表示法，使汉字字形信息的存储量总体压缩达 500～1000 多倍，从而使汉字存入计算机的问题迎刃而解！

接下来要解决的问题是怎样使存入计算机的压缩信息快速还原成为字形点阵。王选和陈堃銶一起反复讨论、验算，一天中午，他们都没有睡午觉，忽然想出了解决办法，又是利用"数学利器"，设计出一个复原压缩信息的递推公式，并试验着画出了一批字，无论放大缩小，都十分漂亮。两人高兴地大叫"绝唱"！《绝唱》是 1975 年正在国内上映的一部日本爱情片，所以他们不约而同地想到了这个词。

这的确是一曲科学与爱情的"绝唱"，"高倍率汉字字形信息压缩技术""高速不失真的汉字字形信息复原技术"等一系列神奇的原创技术就这样诞生了。其中用"参数信息来控制字形变化时的质量"这一高招，在1975年是世界首创，直到大约10年以后，类似的用提示信息（即 HINT）描述字形的技术才在西方流行。

1975年9月，陈堃銶把王选的技术方案通过软件进行实现，在计算机中模拟出"人"字的第一撇，她高兴得在机房里跳了起来！接着，两人又做了"方"和"义"两个字的整字试验，都取得了成功。

然而，王选面前还有第二道难关——采用什么样的输出方案，把压缩后的汉字字形信息又快又好地还原后输出呢？这是照排系统的关键。

王选再次想到了激光照排，虽然当时世界上还没有相关商品，但这种方案的高分辨率、超宽幅面和极高的输出品质显示了巨大的前景，而中国在高精度扫描传真机方面的研制工作已开展多年，王选想起在一个展会上看到的一种报纸传真机，质量好，而且已经投入实际应用，心想，如果把这种传真机的录影灯光源改成激光光源，不就变成激光照排机了？

王选向北京大学物理系的一位光学专家咨询，得到的是"可以实现"的肯定回答，于是，王选在1976年做出了一个大胆的决策，跨过当时流行的二代机和三代机，直接研制世界上还没有商品的第四代激光照排系统。

这是王选研制照排系统过程中最具颠覆性和前瞻性的重大创新。

王选开始进行激光输出控制器的研究，这才发现技术困难远远超过他的想象。比如，用什么方法实现将字模从压缩信息还原为点阵，开始时由陈堃銶编写软件来实现，速度很慢，平均每秒只能还原 1 个字。有软、硬件两方面功底的王选决定用硬件实现，而之前他们设计的复原压缩信息的递推算法很适合硬件实现，于是，从 1976 年 9 月起，王选开始设计微程序，用微处理器实现字模生成、形成版面、选读字模并实现对照排机的控制，这部分称为照排控制器。

他还针对计算机内存容量放不下一版大报信息的难题，设计出了"分段生成字形点阵并缓冲"等绝招，使字形复原速度达到了每秒 150 个字（后来，王选不断创新，使汉字复原速度达到了每秒 710 个字的世界最快速度），从而赶上了激光照排机扫描的输出速度。

王选设计的照排控制器（后来称为栅格图像处理器，英文简称 RIP），是汉字激光照排系统的核心，由它生成汉字字形信息和控制激光照排机，在遇到计算机中有笔画的格"1"时发射激光，在胶片或印刷版材上感光成字，然后制版印刷。

西方从1946年发明第一代手动式照排机开始，花了40年时间，到1986年才开始推广第四代激光照排机。王选1976年提出直接研制第四代激光照排系统，不断发明一系列原创技术并实现成果转化，到1987年投产使用，一步跨越了40年！

王选绕过了二代机和三代机在机械、光学等方面的巨大技术困难，大胆选择了别人不敢想的第四代激光照排，从而抢占先机，引领前沿。同时，王选发明了一系列颠覆性创新技术，开创性地攻克了汉字信息处理的数字化存储和输出等世界难关，实现了汉字激光照排关键核心技术从0到1的突破，从而把创新主动权、发展主动权牢牢掌握在自己手中，为日后激光照排系统的技术更迭换代、实现成果转化和在国际竞争中大获全胜奠定了关键基础。

"748 工程"的春天

王选深知，要实现印刷革命的宏伟目标，是一项浩大工程，必须得到学校和国家的大力支持。他把自己的设计构想写成一份全电子照排系统书面报告，向系里和学校进行了汇报。北京大学得知王选的设计方案后非常重视，立即组织数学力学系、无线电系、图书馆和印刷厂召开联合会议，进行具体讨论。由于身体虚弱，王选无法前往，陈堃銶参加了会议。

会议一直开到半夜，陈堃銶一回到家，就兴奋地对王选说："学校对咱们的方案非常支持，大家讨论得也很热烈，最后做出两项决定：一是把汉字精密照排系统列为北大自选项目，未来争取加入国家'748工程'；二是从各单位抽调人员成立会战组，协作攻关！"

王选感到热血沸腾，之前他的方案手稿拿到北京大学印刷厂打印时，一些印刷工人得知正在研究用电脑代替铅字后，十分兴奋、反应强烈，这使王选意识到自己的研究与他们休戚相关，大受鼓舞，现在学校的支持更加坚定了他的信心。

然而，会战伊始并不顺利，熟悉计算机的只有王选和陈堃銶两个人，王选是全休病号，陈堃銶的身体也不好，常休病假。当时学校的计算机软、硬件教员大部分在昌平分校的电子仪器厂，对照排项目大多不积极，有的甚至说:"都是病号,能干什么?"

的确,许多人认为,这只不过是一个名不见经传的小助教拖着长期病弱的身体凭空想象出来的数学游戏。北纬旅馆论证会给了王选第一个沉重打击。

1975年11月,在北京市宣武区(今西城区)的北纬旅馆,北京市组织召开了精密照排技术方案论证会。来自全国各地的多家单位带着自己的研究方案和成果相聚北京,都想从中脱颖而出。王选、陈堃銶等人也代表北京大学前来参会。王选身体虚弱,说话无力,不得不再次让陈堃銶代做报告。

陈堃銶拿出一张五六十厘米见方的纸,上面是一个大大的"义"字,从容地介绍起来:"我们采用的是数字存储方案,先把这个'义'的字形点阵信息压缩后存进计算机中,然后通过软件还原,用宽行打印机打印出来。大家可以仔细看看,笔锋质量完全符合印刷的要求……"

陈堃銶的话立即引起了与会者的极大兴趣,大家认真地倾听起来。

然而,听完介绍,大多数人却暗中摇头。与其他单位的模拟存储方案相比,王选的数字存储方案虽然新颖独特,但实在太超前了,闻所未闻!有的人私下议论:

"字模应该是看得见摸得着的，要实实在在印刷的，怎么能靠计算机算出来？又是压缩，又是解压缩，能保证文字质量吗？简直是天方夜谭。"

会议最终选择二代机作为"748工程"的正式方案上报了。王选心情沉重，他曾专门去新华印刷厂看过正在试验的二代机，存的字体很少，速度也很缓慢，工人师傅们反映，这样用计算机简直是受罪。

不过，王选没有一点退缩的情绪，他是个执着的人，一旦认准了目标，就会千方百计地去实现。王选想到两句话——著名声学专家汪德昭说过"标新立异、一丝不苟、奋力拼搏、亲自动手"；美国巨型机之父克雷（Cray）也曾说：当你提出一个新构思时，人们常常说"Can't do"（做不成），对这种怀疑的最好回答是"Do it yourself"（自己动手做）。王选对自己的技术充满自信，他暗下决心，一定要做出成果来，用事实说话。

机会并没有从王选身边溜走。作为"748工程"的5个发起单位之一，新华社被定为第一用户。但通过一个阶段的试验，新华社觉得二代机问题太大，很难满足报纸的要求，所以多次派技术局的专家来到北京大学，提出个性化的需求，观看软件还原字形的演示，他们对北京大学的方案表现出极大的兴趣。

另外，王选的方案也传到了原第四机械工业部（简称四机部）"748 工程"办公室主任郭平欣那里。郭平欣是我国电子和计算机方面的技术专家，具有伯乐一般的眼光。他敏锐地意识到，王选提出的数字存储、信息压缩方案等属于汉字信息处理的核心技术，独辟蹊径，很有创见，如果真有突破，意义重大，他决定对王选的方案进行进一步的考验。1976 年 5 月的一天，郭平欣给北京大学下达了任务，挑了 11 个字"山、五、瓜、冰、边、效、凌、纵、缩、露、湘"让王选他们进行实地演示，在一个半月内把这些字的压缩信息通过宽行打印机还原成字形。

这是关系到北京大学能否加入"748 工程"的一场硬仗。王选和同事们感到无比振奋，马上开始了突击战。他们先请印刷厂师傅在 96×96 的坐标纸上用宋体写出这 11 个字，然后由王选做出压缩信息，再由陈堃銶她们编制模拟程序。当时使用的是北京大学计算中心的 6912 中型机，白天有教学任务，只能利用深夜和清晨四五点钟上机调程序，纸带、宽行打印机和内存又经常出错，所以非常紧张和辛苦，陈堃銶的血压也一度降到 55/70 毫米汞柱。经过不懈的努力，他们提前一周完成了模拟实验。

这一天，郭平欣和国家出版局、新华社技术局等单位的人员以及《人民日报》《光明日报》等媒体的记者来到北京大学，观看王选他们的文字生成演示。由于准备充分，演示异常地顺利，11个字打印出来后，大家迫不及待地传看着。

"字体规范，真是漂亮！""笔锋也很光滑，几乎看不出有失真的地方！"

听着专家和记者们的评判，郭平欣满意地笑了，王选和同事们也长长地舒了口气。

1976年秋，汉字精密照排系统项目的研制任务正式下达给了北京大学。从此，王选的研究纳入了国家"748工程"，激光照排研制工作终于迎来了春天。

1977年5月6日，一个春风送暖的日子，在新华社的会议室里召开了四机部郭平欣主任、新华社曾涛社长和北京大学周培源校长参加的"三方首脑会议"，各方专家齐聚一堂，协调会实际上开成了动员大会。周培源在会上鼓励大家一定要把工作做好，把过去十年耽误的时间夺回来，为中国人民争口气！曾涛社长也发表了热情洋溢的讲话，他斩钉截铁地说："一定要干，一定要干好，要为中华争光！"

经过认真商讨，会议做出重要决定，成立以郭平欣、杨家祥（新华社副社长）、张龙翔组成的三人领导小组，以便统一协调和领导，从而使"748工程"在组织上得到了有力的保障。

这次会议，成为"748工程"的一个重要转折点。

在校领导的支持和动员下，北京大学相关部门的积极性大大提高，纷纷派人员加入会战组，从而大大增强了科研力量。1977年8月，北京大学决定将"748工程会战组"扩建为"汉字信息处理技术研究室"（即后来的北京大学计算机科学技术研究所的前身，被习惯性地称为"748"），并成立了以王选为首的技术组，具体领导技术工作。

接下来，在四机部的协调下，生产照排控制器、汉字终端机和激光照排机等关键设备的潍坊、无锡、杭州、长春等地的合作厂家也先后被确定下来。

王选的心情久久难以平静。十年了，王选一直在与疾病和困苦作战，一直没有放弃他钟爱的科研之路，为此受到多少误解轻视、讽刺挖苦！国家和学校的支持，尤其是周培源校长的鼓励，使他感到无比的温暖和巨大的力量。王选暗下决心，即使豁出命去，也一定要把这项事业干成！

1977年12月6日上午，在周培源校长的主持下，四机部、新华社、潍坊和各大报社的 40 多人在北京大学老图书馆新建成的机房里，观看了一场别开生面的模拟实验演示会。王选和同事们用一个"羊"字的单字汉字点阵发生器与传真机相连，输出了一整版印满"羊"字的底片。输出的"羊"字字体端庄、笔锋秀丽，郭平欣在仔细看过底片后，高声宣布："研制激光照排系统的技术条件已经成熟！"会场顿时响起了欢欣鼓舞的掌声。

这是激光照排输出方案的第一个重要试验，王选和同事们一样，都感到无比振奋，透过这些"羊"字，他仿佛看到了日后整版输出的报纸。当然，要实现这一目标，还要经历千辛万苦，接下来的关键一步，是要研制出一套汉字激光照排系统的原理性样机。

燕园飞出的捷报

研制原理性样机的攻坚战一打响，各种困难就接踵而至，超出了王选的想象。

由于技术太过超前，针对王选方案的质疑声一直不断："国内这么多家研究单位，都是在二代机和三代机上下功夫，四代机国外还没搞出来，他们能行吗？"更有人讽刺道："真是想一步登天，他想搞第四代，我还想搞第八代呢！"

还有科研队伍的流失。研制激光照排系统不但软、硬件工程任务繁重，而且开发条件也很差。1978年，随着改革开放大门的打开，高校教师中流行起写论文、评职称、出国进修，加上北京大学恢复成立计算机系，一些骨干陆续回系里工作，王选的科研队伍一下子受到很大冲击，最困难的时候，硬件组9个人走得只剩下王选和另外两个同事。

这年年底，又闯来了一个不速之客，世界上最早研制西文激光照排系统的英国蒙纳公司，早中国一步，推出了汉字激光照排系统！尽管还无法投入实际应用，终端机的屏幕上只能显示十几个汉字（王选他们的终端机一屏能显示352个汉字），输出汉字的速度每秒也不到20个字，但却是实实在在的样机。蒙纳公司宣布，1979年夏秋之际，要来中国举办展览，虎视眈眈地准备进军中国市场。

严峻的内忧外患使王选承受着巨大的压力，但在分析了双方的优劣形势后，王选信心十足地对同事们说：

搞应用研究，必须采用高起点，着眼于未来技术的发展方向，否则，成果研制出来，就已经落后于时代，只能跟在外国先进技术后面亦步亦趋。从长远看，激光照排符合世界照排技术发展潮流，是最佳选择。

蒙纳的系统虽然硬件可靠，但设计思想远没有咱们的方案先进，离真正实用还有很大距离。我们加紧研制原理性样机，一定要在展览会举办前，输出一张报纸样张，拿出实实在在的成果来！

"同意！"同事们干劲十足地回答。

为了考验系统的方方面面，王选不仅要负责整个系统和硬件的设计调试，还要做大量的字模查对工作，以确保每个字的质量。这是一项异常细致烦琐的工作。当时每种字体有一二百个出错的字模，都需要由王选和做字模的人员一一查对，以查明是王选设计的还原字模点阵的生成器有问题，还是字模制作人员将字模的压缩信息做错了。密密麻麻的修改手迹，凝聚着王选超出常人的艰辛，体现着他一丝不苟的科研精神和坚忍不拔的毅力。

1979 年 7 月 1 日，原理性样机的硬件部分终于调通，输出一张 8 开报纸样张的试验开始了。然而，20 多天过去了，结果却总是不能令人满意，有时出到半截就停了，有时输出来了却又发现个别字模有问题，需要修改。后来终于能全部输出了，底片上字的笔画却是弯曲的，根本不符合质量要求。

大家仔细查找原因。由国产元器件组成的样机体积庞大，有好几个像冰箱一样的大机柜，极不稳定，主机、外存、输入和输出等外部设备以及照排控制器都可能出故障。特别是照排机，尤其娇气，地板稍有震动，照排出的笔画就出现了抖动。

陈堃銶想了个主意，每次照排时在周围放几把椅子，拴上绳子把照排机围起来，让大家尽量绕行，离这个金贵的宝贝远一些。

1979 年 7 月 27 日，经过日夜奋战，几十次试验，一张报纸样张终于顺利、完整地输出了。底片冲洗出来后，王选拿起放大镜仔细查看，漂亮的版面，不同的字号和字体，文字有横排和竖排，花边、表格清晰完整，请郭平欣书写的报头"汉字信息处理"六个大字格外醒目……大家紧张地等待着。终于，王选抬起头，笑逐颜开地大声宣布："成功了，非常完美！马上制版印刷，多印一些！"

大家欢呼雀跃，热烈地鼓起掌来。

我国第一张用国产汉字激光照排系统输出的报纸样张《汉字信息处理》，在未名湖畔诞生了！

1979 年 8 月 11 日，《光明日报》头版头条刊登了记者朱军的长篇报道，通栏大标题是"汉字信息处理技术的研究和应用获重大突破"，用的是当时不常见的大字号。副标题是"我国自行设计的计算机——激光汉字编辑排版系统主体工程研制成功"，称这项成果"对于我国新闻出版印刷领域的现代化具有重大意义"，是"振奋人心的捷报"。报纸还在头版编发了评论员文章和小报样张的照片，对于北京大学团队的科研精神进行了热情洋溢地称赞，不过，依照王选的要求，文中没有出现王选的名字。

《光明日报》的这一报道，如同平地响起一声春雷，震动了世界照排系统研究领域。

金秋十月，英国蒙纳公司如期来北京参加了展览会。系统总设计师金斯教授迫不及待地来到北京大学，点名要看《汉字信息处理》报纸样张的底片。戏剧性的一幕发生了，金斯教授用放大镜仔细查看着这张底片，笔画匀称，笔锋清晰，字形美观大方；他又对照着查看印刷出的报纸，如果不是右上角有"本刊是试排样张"的提示，简直与一张真正的报纸一模一样！

金斯教授大为吃惊，连连说："Very high quality（质量很高）！Very high quality！"他接着问道："我可否见一下这位技术发明者，向他请教一个大难题，汉字有这么多字数、字体和字号，他是用什么方法把这些信息存放到计算机里去的？蒙纳公司这个问题没有解决好，用了4个80兆字节的硬盘，也存不了多少汉字，还不能放大和缩小，而且输出速度也很慢。"

面对金斯教授的困惑，大家笑着礼貌地回答："对不起，发明这项技术的专家有事，今天不在现场。"原来，为了技术保密，王选回避了这次接待。后来金斯教授向同行们感叹道："北京大学在秘密状态下进行了这项工作，在此之前我从未听说过。"

输出报纸样张，标志着原理性样机的硬件系统调试成功，接下来要调试的是软件系统。

由陈堃銶负责设计的这一大型软件程序总量达14万行，包括具有实时功能的多用户操作系统、命令处理程序和批处理排版软件，由于国产机上没有高级语言可用，只能全部用汇编语言写成。调试工作仍由陈堃銶带领软件组的同事进行。

为了实际考验排版程序与输出系统，陈堃銶一直在寻找适合排成书籍的材料。当时《人民日报》正连日刊登《伍豪之剑》，这是为纪念周总理撰写的故事，描写1929年时任中央军委书记的周恩来同志化名"伍豪"，挥剑斩除党内叛徒的故事。不仅内容好，长短也合适，而且格式简单，正好适合用于首次试验。于是在软件联调完成后，大家立刻开始试排《伍豪之剑》。

然而，硬件条件的简陋使软件调试工作变得异常艰难。陈堃銶曾这样回忆：

我们用的主机国产130机像今天的柜式空调那么大，没有西文字符显示器，也没有软盘，输入程序不像现在，边击键边显示，打错了立刻修改，而是用纸带输入。纸带要先在穿孔机上穿孔，穿孔时看不到打的键是否正确，所以要上机调试程序，必须先调对纸带。而纸带输入机又不稳定，常常这次输进去了，下次又输不进了，甚至扯破了。主机只有一台，每个礼拜我就贴一张表，让大家填自己要上机的时间，每人每天平均两小时，排班轮流使用。当时我们上机很可笑的，因为要调试的程序很多，所以不是拿着一盘纸带，而是提着一个装满纸带的桶去上机。如果发现纸带上的孔少了，应该有孔的地方没孔，就要用一种专门的补孔器来补穿；如果孔穿多了，就要用穿孔时掉下来的黑纸粒（我们叫芝麻粒）给它堵上。有时好不容易轮到上机了，纸带却输不进去，这段时间就一无所获。所以大家对纸带输入都战战兢兢，唯恐出问题。

在历经千辛万苦之后，1980 年 9 月 15 日上午，《伍豪之剑》的全部底片终于顺利输出。当天，底片送新华社印刷成册，我国第一本用国产激光照排系统排出的汉字图书诞生了。

北京大学校长周培源将《伍豪之剑》样书呈送方毅副总理，并转送政治局委员人手一册。方毅欣然挥笔题词："这是可喜的成就，印刷术从火与铅的时代过渡到计算机与激光的时代，建议予以支持，请邓副主席批示。"

"告别铅与火、迈入光与电"，多年后人们形容汉字激光照排系统掀起我国印刷技术革命时的比喻，就源自方毅副总理的这段批示。它以宏大的气魄和无比的自豪，形象地描述了继毕昇发明活字印刷术后汉字印刷术的第二次腾飞。

5 天后，邓小平写下 4 个大字："应加支持。"

1980 年 10 月，王选随四机部代表团第一次到香港地区参加国际中文信息学术会议，会议的主题是讨论汉字信息处理问题。由于太晚知道消息，王选没有来得及准备论文和讲稿，只带了一些用原理性样机输出的报纸样张和样书。在听了 3 天几十位中外学者的发言后，王选强烈地感受到自己技术的先进性，应该把带来的成果做一个介绍。于是他向会议程序委员会主席、IBM 公司的余嘉培博士提出，可否在会议最后加一点时间让他讲讲。当天的场地租赁时间到下午 5 点就截止了，余嘉培想方设法在会议结束前挤出了 15 分钟，请王选做一个发言。

大会发言必须用英文，这是王选第一次在大庭广众之下用英文做学术报告，他快步登上讲台，用标准的发音、准确的词句，深入浅出地介绍了北京大学研究的高倍率信息压缩技术和高速复原技术，以及以此技术为核心的汉字激光照排系统。

15 分钟很快就过去了，报告结束时，王选略带歉意地说："我的英语讲得不太好，请大家原谅！"场上响起了长时间的掌声。王选快步走下台，由于心情激动，他在下台阶时不小心滑了一下。刚刚站稳，王选就被专家们团团围住，大家纷纷索要样报、样书，仔细端详，然后对王选竖起大拇指："很激动人心！""印象深刻！"有人用中文大声说："你的报告太精彩了，为会议唱了一出压轴大戏！"

1980 年 10 月 18 日，香港《明报》刊登了一篇题为"中国将在一年半后使用电脑排书版"的报道，对王选轰动性的发言和汉字激光照排系统进行了详尽报道，并配发了一张王选的照片，在业界引起了广泛关注。

1981 年 7 月，中国第一台计算机 – 激光汉字编辑排版系统原理性样机鉴定会隆重召开。鉴定会由教育部和国家电子计算机工业总局联合组织，有关部门的领导、专家和代表约 60 人参加。原理性样机通过了部级鉴定，鉴定结论写道："本项成果解决了汉字编辑排版系统的主要技术难关。与国外照排机相比，在汉字信息压缩技术方面领先，激光输出精度和软件的某些功能达到国际先进水平。"

鉴定会上响起热烈的掌声，王选百感交集，从 1975 年到 1981 年，整整 6 年时间，他和多家单位的 70 余名研制人员一起，经过夜以继日、艰苦卓绝的奋战，克服内忧外患，终于迎来了这一天。

直面生死考验，决战市场竞争

尽管国外专家和海外舆论对王选大加赞赏，国内持怀疑态度的却大有人在，他们不相信国产系统能胜过进口设备，所以对于原理性样机研制成功，除了《光明日报》，大部分新闻媒体采取了谨慎的态度，未予以报道。有人还来劝王选，"现在已经证明你的科研原理正确，你是有能力的，应该做更多其他研究"。与此同时，引进风却刮得很猛，英国蒙纳公司的两台中文激光照排机在来华展览后，被以每台数十万英镑的价格留购，分别放在京沪两地作为样机进行研究，蒙纳公司也趁机与多家国内印刷机构进行了合作开发。

王选对此表示理解，他深知，原理性样机开发手段落后，几乎所有设备均不可靠，来人参观演示时他和同事们常常提心吊胆。这样的样机不可能走出实验室，它的使命已经完成，必须加紧研制能够投入实际应用的Ⅱ型系统。他把1979年8月11日的那张《光明日报》压在办公桌的玻璃板下，每天上班都会看上一眼，以此告诫自己，一定要对得起报道中提到的用国产系统改变我国印刷落后面貌的期望，这也是他在研究照排项目之初就确立的远大目标。

其实，早在1979年，王选就开始了激光照排Ⅱ型系统的设计。为了设计出稳定可靠的实用系统，王选多方奔走，寻求有关部委的支持。幸运的是，有关部委都赞成抵制洋货，大力扶植国产系统。王选他们的意见也引起了国务院进出口管理委员会的充分重视，拨款20万美元，支持王选团队在1981年购买了日本生产的NOVA计算机，以替代国产130机，并进口了其他一些元器件，使科研环境得到改善，从而为加快Ⅱ型系统的研制和实用化进程创造了条件，可谓雪中送炭。

正在这时，晴空响起了一声霹雳，陈堃銶得了癌症。

由于工作劳累，生活缺乏规律，加上照顾体弱多病的王选，陈堃銶每年都要生几次病，感冒、头晕、胃疼、低血压……直到1981年开始便血。但为了准备原理性样机的鉴定，陈堃銶无暇顾及自己的身体，更没有时间休息，直到鉴定顺利通过、换代工作准备就绪，10月，她才抽出时间来到医院。

医生们在给陈堃銶做完检查后一阵交头接耳，然后神色严肃地对王选说："怎么才来医院？你爱人得的是直肠癌，现在癌细胞转移的可能性已经是50%了，必须立即住院手术！"王选听到这个消息后，仿佛挨了当头一棒，顿时忧心忡忡，悔恨不已，他难过地对妻子说："这些年你受苦了，都是我不好，没照顾好你……"

陈堃銶却十分镇静，她开玩笑地安慰王选："我历来体质差，癌细胞也长不快，命不该绝，还有 50% 的希望呢，不用担心！我得把这几年的睡眠补回来，养足精神准备挨刀。"

住院后进行检查、等待手术的那几天，陈堃銶和同房病友谈笑风生，还唱起 20 世纪 50 年代的苏联歌曲《喀秋莎》：

"正当梨花开遍了天涯，河上飘着柔曼的轻纱。喀秋莎站在峻峭的岸上，歌声好像明媚的春光……"

病友的丈夫感慨地对王选说："像你爱人这样坚强的女同志真是不多见！"

然而，王选还是担心不已，手术的前一天晚上，他辗转反侧，难以入眠。

陈堃銶不但是王选风雨同舟的妻子，还是他最早、最坚定的科研合作伙伴。在激光照排系统研制中，王选负责整体设计和硬件设计，陈堃銶负责大型软件的全部设计，并带领软件组的同事们实现。她思维缜密、敢于创新，设计的排版软件也和王选一样，采取了跨越式的方案，使我国报纸和书刊的出版印刷没有像国外那样，经历输出毛条、人工贴版的过程，而是直接实现了整页组版、整页输出。王选回想着妻子的日常生活，自从事激光照排研究以后，陈堃銶就和自己一样，没有休息过一天。中午回家时间很紧张，经常是下点面条凑合一顿。有一次朋友送了一点酱，两人午饭就吃了好几天酱拌面。为了节省时间，他们尽量不买绿叶菜，因为摘菜、洗菜太麻烦。每天都是急匆匆做饭、吃饭，甚至连上厕所都是急急忙忙地，也许就是这样把毒素留在了身体里。更重要的是，由于王选年轻时身体不好，他和陈堃録又都十分忙碌，因此两人一直没有要孩子……

想到这一切，王选忍不住默默流泪，他在心中祈望着，妻子的癌细胞千万不要扩散……

也许是上天赋予这对夫妻的使命还没有完成，手术进行得很顺利，医生们惊奇地发现，癌细胞既未扩散，更未转移，附近的淋巴结也没有受到感染。但他们不得不给陈堃録做了直肠切除和肛门改道手术，这给陈堃録的一生带来了常人难以想象的不便。

陈堃録手术后的一个月是王选一生中做家务最卖力的时光，他随身带着一个小本子，上面记着家里衣物放在哪里，医生嘱咐了什么，每天要买什么东西，并买来菜谱，变着花样为妻子做菜。听说黑鱼、甲鱼、鳝鱼等对癌症患者的恢复有好处，他便买来大胆地学着做。陈堃録吃得不多，王选就找了好多小瓶子，炒完菜一瓶一瓶装好，骑自行车送到医院，有时候一天跑三趟。住院

40多天，陈堃銶几乎没吃过医院的饭，周围的人看了又感动又羡慕。后来，陈堃銶刚出院需要静养，王选又包揽了所有家务。

令人称奇的是，自从陈堃銶患病后，王选的身体进一步好转，每年秋冬之际的胸闷、憋气现象也减少了。

不过，王选的"模范丈夫"只做了一个多月，待陈堃銶稍能自理，王选就投入紧张的研制工作中了。他满怀歉意地笑着对陈堃銶说："看来我只能派急用。"

陈堃銶手术后休息、治疗了一年，终于闯过了鬼门关，她重新投入工作中，继续负责激光照排系统软件的研制，紧张程度和承受的压力丝毫不亚于手术前。

此前，王选一直有一种担忧，"748工程"是由国家计划委员会（简称国家计委）安排的"五五"科技攻关项目，经费来源比较稳定。但1980年"五五"计划结束，原理性样机通过鉴定后，作为科研计划已经完成，1981年开始的"六五"计划并没有对这项研究再作考虑，虽然Ⅱ型系统的研制工作在继续，但经费已没有着落。

1982年8月，王选等来了一个好消息，国家准备组织有关部门制定全国印刷技术装备"六五""七五"发展规划，在国家经济委员会（简称国家经委）设立一个印刷技术装备协调小组，由先后担任国家计委副主任、时任国家机械工业委员会副主任的范慕韩担任协调小组组长。我国的印刷技术改造工作全面启动，"748工程"也迎来了一个重大转折点。

1982年11月，范慕韩一行到北京大学进行实地考察，王选热情地带着他们参观原理性样机，详细演示和讲解了汉字信息压缩、还原等过程，并送大家人手一册《伍豪之剑》。考察过后，大家对北京大学的系统有了全面、深刻的认识，但在讨论是否将北京大学748项目纳入全国印刷技术装备发展规划时，却存在疑虑，意见不一。

为此，范慕韩与王选进行了一次推心置腹的谈话。他微笑着询问王选，许多高校的科研成果是为了"献礼""评奖""评职称"，对成果转化重视不够，转化能力也不强，而国家经委抓这个规划是要把科研成果实用化、商品化，改造传统印刷产业。这是个艰苦的过程，你们是否有这个准备，能否坚持下去？

范老是一位老革命，当时已经65岁，他给王选的第一印象是平易近人、和蔼可亲，了解工作十分深入。以前王选很少能接触到这样的部级领导，听了范老的一番话后，他没有犹豫，立即坚定地表示："这和我们的目标是完全一致的。我们一开始研究的目的就是要使中国甩掉铅字，实现激光照排，用创新技术改造传统出版印刷行业。如果仅仅是为了报专利、评职称，目的早就达到了，不用再费这么大力气搞第二代。"

范慕韩高兴地大笑起来，他发现45岁的王选虽然清瘦，但思路敏捷，目光坚毅。范慕韩握着王选的手说："好! 解决汉字激光照排要依靠我们中国人自己的力量，你与某些知识分子不一样，很有战略眼光，我们支持你! "

不久，汉字激光照排项目被纳入全国印刷技术装备六五、七五发展规划，得到了印刷专项支持。王选信心更足了，他后来感慨地说："印刷专项起了风险投资的作用。1975年到1995年的20年间，北大因激光照排项目共得到国家各种名义拨款累计达1000万元，占印刷专项中很小的比例，但没有印刷专项就不会有后来激光照排系统的迅速发展，所以对有前途的、技术创新含量高的幼苗予以扶持是很重要的。"

由此，王选和同事们正式开始了科研成果转化、直面市场竞争的艰难过程。

新华社中试成功，点亮中华之光

王选设计的Ⅱ型机系统到1983年基本完成，在各方面都比原理性样机前进了一大步。它采用大规模集成电路和微处理器做照排控制器，除DRAM存储板外，共用了200多块芯片，比原理性样机的元件减少了一个数量级。由于体积缩小，输出速度加快，这一方案在20世纪80年代初PC机、门阵列专用芯片等还处于萌芽状态时是极有竞争力的创新设计。Ⅱ型机还有一个特别的先进之处，就是配备了世界上第一台在普通纸上快速输出完全逼真大样的激光打印机，代替了昂贵的相纸输出大样，供用户校对，这是用户梦寐以求的功能。

印刷技术装备协调小组决定，1984年在新华社进行Ⅱ型系统的中间试验，试排16开书刊和8开报纸，以检验其可靠性和实用性，为正式定型生产打下基础。

新华社的应用过程充满了曲折和艰辛。

首先，试验车间的建设就费了一番周折。旧通讯大楼当时十分拥挤，为了抢时间，只好先在地下室搭架子。北京大学和各协作单位都派出技术人员，和新华社的中试人员一起对设备进行安装调试。地下室阴冷潮湿，即使是三伏天也要穿上绒衣绒裤。

这一时期，正值我国改革开放、国民经济从计划经济向市场经济过渡和转变的时期，第二次引进高潮如洪水般袭来，而且来势更为凶猛。1984年10月，第一届北京国际印刷技术展览会在北京农业展览馆（今全国农业展览馆）举办，美国、英国、日本等国的照排机厂商纷纷参展，借机来华抢夺印刷市场这块诱人的"蛋糕"。他们想方设法，各显神通。

英国蒙纳公司展示了他们的整页拼版设备，采用分辨率很高的大屏幕显示，而且有中文处理功能，尽管软件功能差，但相当吸引人。

日本写研公司的女老板每年来中国两次，与中国用户十分熟悉，以至于中国的印刷界"言必称写研"，北京、上海的几家大报和印刷厂都先后成了写研的用户。日本森泽公司和一个叫"二毛"的日本公司，还热情招待潜在的中国用户去日本考察。

美国IPX公司甚至把产品介绍到了新华社，新华社的工作人员正在地下室机房里夜以继日地调试Ⅱ型机软件，有人不客气地对新华社的工程师说："人家都有现成产品了，你们还搞什么？"

个别协作单位也开始变得信心不足，希望撤走协作人员，主张放弃王选的字形信息压缩方案，用磁盘直接存储点阵，甚至说："王选为了他一个人的荣誉，害了一批人！"

用户和业内人士更对王选他们的系统疑虑重重，认为北大设计的系统即使搞出来也是落后的，都赞成引进。有人甚至说："外国公司展览之日，就是北大系统垮台之时。"

1984年，一家有影响力的大报召开专家论证会时，与会人员几乎一边倒地主张引进，王选在会上据理力争，但这家报社最终决定花费340万美元购买美国HTS（即高技术系统）公司的照排设备。论证会结束后，别的专家有车接送，王选和助手却只能乘坐公共汽车返回北京大学。年轻的助手多年后仍记得那天的一幕，委屈、感动，甚至悲壮的情绪交织在一起，让他忍不住泪流满面：

"我和王老师从报社到动物园换乘公交车，天已经晚了，王老师身体不好，却提议步行一站，说在这里上车，到北大西门要一毛五，走到白石桥站上车只要一毛，还是节省点好。由于没座位，我们一直站着，快下车时，发现手是黑的，原来是抓金属杆把手久了蹭的灰，王老师和我对笑了一下，我心里觉得难受极了……"

那天，王选的心也被深深地刺痛了，这真是生死存亡的考验，历史已经把你推到了最残酷的竞争面前，是临阵退缩，还是决战市场？在严峻的形势面前，王选选择了后者，这是王选人生中的又一个重要选择，虽九死一生，但他义无反顾，因为他对自己的技术充满信心。1984年年底，在印刷技术装备协调小组和电子工业部主持的一次制定"七五"规划的讨论会上，当着各协作单位的面，王选底气十足地立下了军令状：

如果1985年上半年Ⅱ型机还不能实用，印刷专项的经费北大全部退回，一分钱也不要！

新华社激光照排中间试验车间终于建成，Ⅱ型系统从阴暗潮湿的地下室搬进了宽敞明亮的大机房。1985年2月，中试正式开始。本想试排《参考消息》，但考虑到风险，改为试排新华社内部每旬一期的8开小报《前进报》和日刊《新华社新闻稿》。《新华社新闻稿》每天出版一期，每期多达64页、14万字，上百个文件，要求在比较短的时间里能同时有4个组版终端进行修改、编辑和校对，一天要出3遍大样，所以速度要求非常高。这是考验系统能否真正实用的关键一战，铅排停止，没有了退路，各路人马集中到北京，呈现出一派会战的气象。

试验一开始，问题立即此起彼伏地显现出来。每次排版、发排都非常艰难，有时大段文字遗漏，甚至出现莫名其妙的错字。最困扰大家的问题是变字：输入和校改大样时明明是正确的，印出来却变得面目全非，令人哭笑不得，后来才发现是终端存字的缓冲区太小，后进来的字把前面的字给顶了出去。

硬件也时有故障。一天半夜，系统突然出现故障，文件丢失，怎么也出不来，新华社的技术人员急得想打电话找王选和陈堃銶，但当时王选家还没安装电话，联系不上，最后只好驱车到北京大学机房，前后工作30多个小时，才赶出了新闻稿。

出现问题最多的是激光照排机，有时排版进行得很顺利，但上照排机输出时，软片却怎么也出不来，急得现场人员用脚踹机器，结果软片反而出来了。杭州生产照排机的厂长孔照元压力最大，每次来京参加协调会，都像来挨批斗。

有人开始打退堂鼓，主张停止试验；有人冷嘲热讽说：什么"748"，不如叫"气死吧"！

协调小组紧急开会制定措施，王选又急又累，患了重感冒，没能出席。陈堃銶开会回来，感慨地对王选说："我本来也准备挨批的，没想到主抓这项工作的协调小组副组长兼办公室主任沈忠康同志不但没有指责，反而说系统试用以来成绩很大，还帮我们逐一分析遇到的问题，讨论解决方案。新华社的领导也给咱们打气。"王选听后，感动之余，连连检讨自己出现问题时往往过于急躁，沉不住气。

为了使系统正常运行，王选和科研人员进驻新华社进行现场保驾，陈堃銶则和软件人员针对一个个问题改进设计，在夜以继日地不懈努力下，Ⅱ型系统终于得以正常运转，经过 3 个月连续运行，共排印《新华社新闻稿》88 期，《前进报》12 期，约 1200 万字，而且从未耽误出刊出报。

1985 年 4 月，万国科技博览会在日本筑波举办，计算机 - 激光汉字编辑排版系统被选为我国少数几个电子产品的代表参加了博览会，在剪纸、瓷器等中国古老的传统文化项目以外，展示了中国的自主科技力量，格外引人关注。

1985 年 5 月 8 日，由国家经委主持的国家级鉴定和验收大会在新华社隆重召开，Ⅱ型系统正式通过了国家鉴定，成为我国第一个实用的激光照排系统。

第二天，系统通过鉴定的消息在中央电视台《新闻联播》栏目中播出，并出现在各大报纸的头版，当时中国女排正以拼搏精神在中国人心目中树立起光辉的榜样，《北京日报》头版以"科研战线的'中国女排'"为题，对以王选为代表的北京大学科研集体进行了长篇报道，记者激动地描述道：

系统的研制成功，使手工编排为自动化手段所代替，标志着我国的印刷术将从铅与火的时代，开始进入电与光的新纪元！

Ⅱ型机有了一个寓意深刻的名字——华光。大家相信，依靠中国人的力量，一定会点亮印刷技术革命的中华之光！

经济日报社被逼上梁山，首家告别铅与火

华光Ⅱ型系统的成功，标志着系统正式迈出实验室，走上实用化道路。王选也实现了自己立下的"1985年上半年实用"的军令状。然而他清楚，改造出版印刷行业的一个重要条件，是系统能够出大报、日报，而华光Ⅱ型系统存在很大局限性，难当此任。另外，排版软件在排科技书籍方面的功能还不强，这些书刊涉及形形色色复杂的数理化公式和符号，要铸造专用铅字字模耗时又费力，使我国科技图书的出版难问题相当严重。据统计，我国1984年应出版但到1986年还没能出版的科技图书就多达3826种，传统铅排技术正严重限制着我国科教事业的发展。

因此，1984年Ⅱ型系统还在试用阶段时，王选便开始设计Ⅲ型系统，主机由小型机换为台式机，体积更小、稳定性更强；陈堃銶则带领软件组的同事着手开发先进的科技排版软件。

1985年11月，Ⅱ型系统通过鉴定仅半年后，华光Ⅲ型系统正式面世，它的一大亮点是新开发的科技排版软件，能够方便、美观而规范地排印复杂的数学、化学公式以及符号和表格等，电子工业部的鉴定结论评价它"与国外同类软件相比，在功能、灵活性、方便程度等主要方面都处于领先地位，其中汉字化学式排版软件国外尚无商品出售"。1986 年 12 月，国防工业出版社出版了我国第一本用这一系统排印的科技图书《矢量与张量分析》，随后，积压已久的科技书籍出版问题逐步得到了解决。

华光Ⅲ型系统面世后好评如潮，连获日内瓦国际发明展览会金牌等大奖，还被评为中国十大科技成就。然而，王选心里却有深深的负债感，因为很多大报社和出版社使用的还是国外的系统。他对大家说："我们得了这么多奖，如果将来市场都被外国产品占领了，我们的成绩只等于零！"王选边说边用手画了一个大大的圆圈。

王选一直在考虑大报排版的应用，尽管台湾仓颉码发明人朱邦复曾警告王选："千万不能搞报纸排版，因为一旦有一天影响出报，他们就会声明是电脑的毛病，从此你就会声誉扫地。"但把系统提供给大报使用，是王选坚定不移的目标。因为这类报纸时效性强，字体要求多，版面变化多，是对照排系统最严格的考验。只有这一关过去，大规模推广普及才有望实现。

恰在此时，经济日报社印刷厂厂长夏天俊站出来主动请缨了。他为何有勇气来冒这个险呢？很大程度上是形势所迫，被"逼上梁山"。原来，经济日报社印刷厂位于寸土寸金的王府井，是北京最繁华的中心地带，不但无法依靠扩大厂房、增加人力和设备来提高印刷能力，而且铅排作业引起的严重污染也会对周围居民和城市环境造成极大的危害。关键的一点是效率低下，夏天俊算了一笔账："铅排的话，一个工人平均一天排不到5000字，一天最少要排10万字，得要20个人排字。还得有人铸字，有人上架子，有人再去拼版，就得乘3倍，最多得有60个人应付排字场面。再加上照相、制版、印刷这一套程序，需要150个人出这一张报纸。"

夏天俊被这些问题苦苦困扰，他也参观过其他报社引进的日本三代照排系统，不但价格高达80万美元，而且还停留在贴"毛条"阶段，根本无法满足报纸排版要求。所以，当夏天俊得知新华社试用华光系统取得很好的效果时，就做出一个大胆的决定：干脆跳出铅排铅印的传统工艺，在全国报社中第一个勇尝激光照排这只"螃蟹"。

这令王选欣喜不已，他很快与夏天俊商讨确定了软件、硬件及字体的具体实施方案。不久，经济日报社获国家经委批准，从新华社手中接过接力棒，开始了激光照排系统实用化进程的关键冲刺。

1986年9月，第一套华光Ⅲ型激光照排系统被运进经济日报社印刷厂，正式进入实战阶段。报社方面为慎重起见，决定先用每周出版 3 期的《中国机械报》做试验。

果然，与在新华社中间试验时一样，问题不断涌现出来。

首先遇到的一个难题是字模笔画偏细，导致印刷出的字质量不符合要求。经济日报社印刷厂使用的是液体感光树脂版，将照排出来的软片制成凸版，字是突出来的。但王选他们系统的字模笔画偏细，印刷时受到外力压迫，笔画容易被压断，有的直线被压成了翘起的曲线，有时候整版报纸的句号几乎全部丢失，导致印刷结果面目全非。

怎么办？如果重做字模，工作量将非常大，起码需要半年到一年，时间根本来不及。形势逼着王选琢磨出了巧妙的解决方案，设计一个加粗字模的微程序，通过硬件生成使笔画自动加粗。陈堃銶用软件予以配合，只花了两周时间就把这个软件做了出来。经过反复修改完善，一个半月后，全部字模都得到了加粗，难题迎刃而解。

不久，系统又遇到了一个棘手的困难，由协作单位开发的大报排版软件时效总是上不去，组一个版面大约需要 1 个小时，更为严重的是，只要修改内容，就必须重新排版，这对于时效性要求很高的报纸排版来说是不允许的，报社要求限期解决这个问题。

王选心急如焚地回到家与陈堃銶商量。陈堃銶当时正忙于华光Ⅳ型系统的软件设计等工作，无暇顾及此事。不过，此前她经常指导大报排版软件的设计人员，对改进大报排版软件的问题是有把握的。她对王选说："我知道解决办法。"

王选一听，大喜过望，"那你就先放放手头的工作，赶快去帮助解决一下！"

令王选没有想到的是，平日里任劳任怨的妻子，这次却不情愿地说："他们的某些领导出于本单位利益的考虑，常常把整个系统的功劳归于他们自己，不但不提北大，连北京两个字都没有。我想憋他们几天再去。"

平时很少发脾气的王选一下子急了，冲着陈堃銶嚷起来："你这不是在憋他们，你是在憋整个系统！"

陈堃銶也火了："你这是在上纲上线！"

王选大声说："现在系统到了关键时刻，必须以大局为重，我不考虑成绩归哪个单位，只要做出来，算谁做的都行！"

这是他们一生中仅有的一次吵架。陈堃銶知道，王选平时性格温和，总是让着自己，有时候自己话说多了，王选最多说一句"你这话什么意思啊"，所以他们很少吵得起来。这次王选发这么大脾气，是为了系统能尽快成功地进入市场，战胜国外产品，是在与时间赛跑。为了国家的最终利益，王选早就把局部利益和个人得失抛诸脑后了。

冷静下来之后，陈堃銶自然是按王选的意见马上去做了。第二天，她就赶到经济日报社，指导技术人员改进，大报排版软件的难关很快被攻破了。王选也知道陈堃銶只是说说气话而已，后悔自己错怪了妻子。

1987年4月，在试验了半年以后，系统正式在《经济日报》上激光照排。每天凌晨1点左右截稿后，要在两三个小时内完成排版，清晨5点左右必须印刷出报。这么短的时间，对系统的稳定性和时效性是一场严峻的考验。大家如履薄冰，采取循序渐进的方式，一版一版地上激光照排。

1987年5月22日，《经济日报》的4个版面全部用激光照排出报。世界上第一张用计算机屏幕组版、用激光照排系统整版输出的中文日报诞生了！

然而，一上日报，系统软件和硬件的潜在问题就都暴露出来了。一时间故障重重，错误百出。接下来的十几天里，大家每天都手忙脚乱，胆战心惊。重字、重行、丢字、丢行、标题移动困难，有一次排好的版面上突然出现一个"杀"字，幸亏被及时发现；照排机、激光印字机抗干扰性能差，扫描抖动，暗盒不严，走纸不匀，上下胶片定位有问题，甚至螺丝松动、钢丝绳断……一次王选值了一夜班回家，陈堃銶关切地问他："怎么样？"王选疲惫地说："两个字，狼狈。"

不断地出现错误，不断地登报致歉，有几天甚至延误出报两三个小时。不明原因的读者纷纷来信指责，迫于巨大的舆论压力，报社领导不得不向夏天俊发出了最后通牒：必须在10天内排除故障，顺利出报，否则退回到铅排作业！

这真是生死攸关的时刻，大家心情都很沉重，一旦退回到铅排，就意味着宣布系统失败，十年为之奋斗的心血将付之东流，可以说，中国报业技术改造的成败在此一举！

王选和夏天俊等经过仔细分析，认定系统是先进的，在实际应用过程中出现一些问题是正常现象，完全有能力解决，于是决定背水一战，与北京大学、潍坊、杭州等各方技术骨干跟班作业，随时解决出现的"火情"。范慕韩和经济日报社总编范敬宜等也多次为大家鼓劲加油。

经过日夜的紧张奋战，系统终于达到了正常运行的要求，工作效率大幅提高。1987年10月，中共十三大召开，新华社发的大会工作报告电讯稿有3万余字，一般大报社召集一批熟练的铅字排版工，3～4个小时才能完成排版，经济日报社用华光系统排版，仅20分钟就顺利完成，彻底消除了一些用户对国产系统"先进的技术，落后的效益"的担忧。

1987年12月，华光Ⅲ型系统在经济日报社通过国家验收，时任全国政协副主席周培源在会上激动地指出："计算机能处理汉字，能排版了，意味着中华文化能够长久而深远地弘扬下去，其意义不亚于原子弹爆炸！"

1988年7月，经济日报社印刷厂实施了一项中国印刷界从未有过的壮举——卖掉了占据整整一层楼、数十大架各种字号的铅字和字模，砸掉了黑乎乎的铅锅，搬走了字架等一切铅作业设备，撤销了铅作业机构和人员。工人们经过培训后，穿上了白大褂，坐在宽敞明亮的照排机房里工作，键盘的击键操作代替了人工拣铅字，一张张黑白分明的照相底版代替了一块块沉重的铅版，工人们发自内心地欢呼："我们解放啦！"

1988年12月6日，《经济日报》头版刊登了长篇通讯《告别铅与火的时代》，喜悦和自豪之情溢于言表。这是我国报业第一家"告别铅与火、迈入光与电"的报社，中国报业和出版印刷业技术革命的大幕正式拉开了。

汉字印刷术的第二次革命

华光Ⅲ型系统问世后，接连荣获中国十大科技成就、日内瓦国际发明展览会金牌和国家科学技术进步奖一等奖，王选也获得了印刷界最高荣誉——毕昇奖。但他却仍有一种负债心理，因为当时先后有六家大报社、几十家出版社和印刷厂依然购买了美国、英国、日本生产的照排系统。恰在此时，世界银行决定向我国20多所高校发放数百万美元的贷款，以国际招标方式协助高校印刷厂购置照排系统，缩短教材的出版周期。英国蒙纳、日本写研等十多家国际公司看准了这个进军中国市场的绝佳机会，纷纷购买标书，参与投标。

面对强大的国际竞争，王选坚定地对同事们说："国家前后给我们1000万元拨款，假如研出的产品最后却在市场上被别人打倒，我们到底有功还是有过？一定要把科研成果变成商品占领市场，为国家创造财富，这比10个权威赞扬100次都要实际得多！"王选向范慕韩和相关部门郑重承诺："我们研制的新一代照排系统一定会比国外系统先出报，而且价格要便宜得多！我相信，三到五年内，我们会把国外的系统全部赶出中国！"此言一出，语惊四座。

令王选充满信心的新一代照排系统——华光Ⅳ型系统于1988年惊艳亮相，与前三代系统相比，它有着脱胎换骨的质的飞跃：一是以微机为主机，配备了两块王选设计的 WA、WI 超大规模专用芯片，使字形复原速度达到了 710 字／秒，居世界首位；二是具有强大的、花样翻新的字形变化功能，可以提供倾斜字、立体字、空心字等多种艺术字体，上百种花边和上千种网纹；三是实现了文字和图形、黑白照片的合一处理，从而成为真正意义上的光栅图像处理器（RIP）；四是实现了一个 RIP 同时支持激光照排和廉价的轻印刷系统的创新功能，为购买能力有限的中小印刷厂提供了过渡方案。上述功能当时即使在国外的中文、日文照排系统中也闻所未闻，属于世界首创。

同时，还推出了两个强有力的软件——大屏幕交互式报纸组版软件和批处理书刊排版软件，并配备了美国 VIKING 竖式大屏幕显示器，与报纸版面非常匹配，用户可以直接操作和修改屏幕上的报纸清样，这些特点在中文报业中均属首创。

由上述"撒手锏"功能组成的华光Ⅳ型系统，在世界银行的国际招标中接连中标 17 套，总价值 130 万美元，占全部贷款款项的 49%。

1988 年下半年，经济日报社印刷厂换装了华光Ⅳ型系统后，1989 年的年利润一下就高达 243 万元，比

1986年铅排作业时增长了4倍。与同等任务的铅排作业相比，厂房面积减少68%，用人减少60%，耗电量减少68.7%，成本下降17%。

《经济日报》的巨大成功，消除了用户的担忧，也驱走了最后的阴霾。华光Ⅳ型系统开始投入批量生产，在国内大规模推广普及。仅1988年一年就与《科技日报》《解放军报》等众多报社签订了200多套合同，成交额近8000万元。1989年，北京地区的绝大多数日报、全国绝大部分省级报社及部分市报都订购了这一系统，订货款额上升到1.2亿元，所得利税已超过国家拨款的投资，中央宣传部（简称中宣部）提出的1990年省级报社要基本普及照排的规划提前一年完成。

已经担任中国印刷及设备器材工业协会会长的范慕韩，在向记者介绍这一成果时激动地说："华光系统的研制成功，为世界上最浩繁的文字——汉字告别铅字印刷提供了通畅大道，将开创我国印刷术的新纪元！"

就在这时，1985年进口美国HTS系统的那家报社找到王选，请求他的帮助。原来，美国人对汉字庞大的信息量一筹莫展，也没有掌握处理中文的规律，始终没能如期排出报纸，使得这套价格高达430万美元的系统三年来一直未能投入使用，成了一堆洋垃圾。此前按照合同，中方已向美方交付了一半费用，即200余万美元，如果美国公司破产，而交付的机器又不能使用，国家的外汇将付之东流！因此，这家报社决定硬着头皮找王选试试。

大家劝王选，"当年在这家报社论证会上咱们备受冷落，现在就让他们买咱们的系统，价格只有HTS公司系统的十五分之一！"

王选沉思片刻，摇摇头说："HTS系统是花国家那么多外汇买来的，如果能改造好，不但为国家节约了成本，还可以借此表明咱们中国人的技术实力。这些年来，我最大的苦恼，是大多数人不相信中国的系统能超过外国产品，不相信淘汰铅字的历史变革能由中国人独立完成。现在，我们就用实际行动证明给他们看看！"

于是，王选带着几个骨干去这家报社"会诊"，发现HTS系统从总体设计、核心技术到排版软件都比王选他们的系统落后两年以上，他当即表示："可以用我们的技术把机器改造好！"

这正是王选"好人观"和爱国奉献价值观的充分体现。

在电子工业部的主持下，这家报社和北京大学签订了改造协议。仅用了4个多月的时间，王选和同事们就妙手回春，使这套美国系统起死回生，顺利出报。

曾经气壮如牛的 HTS 公司提出要购买王选的专利技术，王选微笑着随口说了个天文数字，把对方吓了回去。HTS 公司的总裁被彻底征服，颓然叹道："我回国后就辞职，今后世界上再也不会有 HTS 公司了！"当时苏联和东南亚多家华文报纸都在盯着 HTS 公司是否能拿下我国这家大报的大单，HTS 公司的失败使其声誉扫地，不久就因无力偿还银行贷款而宣布破产，永远从地球上消失了。

HTS 公司的溃败像是骤然推倒了多米诺骨牌，1989年年底，来华研制和销售照排系统的外国公司全部退出中国市场，国产汉字激光照排系统在与国外产品激烈的"肉搏战"中大获全胜。王选三到五年内把国外的系统全部赶出中国的另一个承诺也庄严兑现。

随着系统的大规模推广，由潍坊计算机公司独家生产和销售带来许多弊端：一方面，产品质量的提高和升级换代遇到了阻力；另一方面，如何保证各方利益和发展，成为矛盾的主要集中点。最有效的解决办法是引进竞争机制，再找一家单位来生产和销售。1988年，经国家经委同意，王选带领北京大学计算机研究所与北京大学新技术公司合作，生产和销售华光Ⅳ型激光照排系统，从而打破了由潍坊计算机公司独家生产的局面。

从 1988 年年底到 1990 年年中，激光照排系统由潍坊计算机公司和北京大学新技术公司分别生产和销售，他们的产品都以王选的技术发明为核心，都叫华光Ⅳ型系统。然而，1990 年 9 月，潍坊单方面推出了华光Ⅴ型系统，并且不允许北京大学再使用"华光"这一商标。

付出了十几年的心血，正在全国大规模推广、已经家喻户晓的"华光"，如今却不属于自己了，这使王选警醒。十多年来，王选为了能使系统得到推广应用，从不设防：他组织编写了《七四八工程全电子式汉字精密照排系统方案说明》，分发给协作单位，培训和普及照排技术；他向参观者毫无保留地介绍刚刚设计完成的汉字终端方案；他甚至向用户透露自主研发的高科技芯片实际是多少价格……多年后王选反思说："那时候我的市场和商品意识还比较差，长期受的教育都是互相学习、互相帮助，觉得对国内同行实行技术封锁和保密似乎是一种落后意识。"的确，王选的商业保密意识和许多人一样，是随着改革开放的深入，在市场经济大潮的冲刷下逐步建立起来的。

王选一边加紧研制新系统，一边为新系统征名。他的学生提出起名"王选"，认为正宗响亮，但王选不同意将众人的功劳归于自己。最后，取自《汉书·晁错传》的"方正"一名脱颖而出："察身而不敢诬，奉法令不容私，尽心力不敢矜，遭患难不避死，见贤不居其上，受禄不过其量，不以亡能居尊显之位。自行若此，可谓方正之士矣。"

"方正之士"，寓意深刻，十分符合王选的人生价值观和行为准则；"方正"二字笔画简单明快，繁体和简体一致，便于系统在海外推广，所以，王选最终拍板决定，就用"北大方正"命名即将问世的新一代系统。

1991年3月，北京大学计算机研究所和北京大学新技术公司联合推出北大方正电子出版系统（即方正91型系统）。为了使报社和印刷厂及早用上系统，王选身体力行，奔赴全国各地，办讲座，做报告，选择典型用户，不断改进性能，又带领团队研制出第五、第六代照排控制器"方正93"和"方正PSP"，使系统以无可比拟的技术领先优势占据了市场鳌头。

到1993年，国内99%的报社和90%以上的书刊印刷厂采用了国产激光照排系统，我国延续上百年的铅字印刷行业得到彻底改造，走完了西方40年才走完的技术改造道路。

引领技术潮流，创新电子出版产业

随着淘汰铅字的印刷革命在全国迅猛展开，社会上开始出现一种舆论和担心：取代了"铅与火"的激光照排系统一旦市场饱和，恐怕会很快萎缩。对此，王选早有技术准备和远景构想，其核心就是自主创新——根据市场需求持续不断地进行技术创新，再用创新的技术引领新的技术改造。

创新是流淌在王选血液中的灵魂，早在1981年，他就提出"自己创新，振兴中华"。那年3月，中国男排反败为胜战胜韩国队，赢得了代表亚洲参加世界杯排球赛的资格。北大学子们掀起了高昂的爱国热潮，情不自禁地喊出了"团结起来，振兴中华"的时代最强音。王选也十分激动，他说："振兴中华首先就要振兴科技，而振兴科技关键还得靠自己，发达国家不可能把核心技术转让给你，只能自己解放自己。要自己创新，振兴中华。"

基于这一信念，王选率领北京大学计算机研究所的科研团队一直没有停止预研的技术储备：1985年设计了页面描述语言，后来在远程传版方面发挥了明显优势；1986年预见到未来报社、编辑部将应用计算机网络的前景，组织队伍专门从事网络、数据库和资料检索方面的开发；1987年又预见到开放式桌面彩色出版系统将取代电子分色机，于是安排力量着手进行分色和挂网等技术研究；而淘汰胶片、计算机直接制版则是王选1979年就萌发的梦想。

如果说研制一代代汉字激光照排系统，是王选根据市场需求进行的技术创新，那么上述预研，则是为了在未来主动推出创新技术，引领市场潮流，创造全新产业而进行的储备布局。

如今，时机已经成熟，王选带领科研队伍充满激情地冲锋陷阵，使我国的出版印刷技术不断实现跨越式发展，继"告别铅与火"后，又引发了"四次告别"，最终形成了全新的电子出版产业，成为我国自主创新和用高新技术改造传统行业的典范。

首先实现的一个技术革新，是应用卫星远程传版技术，"告别报纸传真机"，实现了全国报社的异地同步印刷出版。

不能异地同步出版，是困扰报社多年的问题。1989年，全国只有三四家中央级大报在外地代印点印刷，对外地传版的手段主要有两种：一靠进口报纸传真机传版，这也是当时国外普遍使用的传真方式，当接收方与发送方的传真机分辨率不一致时，失真严重，而且速度很慢；二是买不起传真机的靠航空用飞机送纸型，在时间上要慢半天甚至一天。

怎样使外地读者看上当天高质量印刷的报纸呢？王选想到了北京大学自行研究制订的 BDPDL 页面描述语言，它是由陈堃銶设计的一种用于描述版面上文字、图形、图片和照片等各种元素的计算机信息。如果在此基础上开发一种新的传版方式，传送的不是版面，而是页面描述语言，把版面的各种元素转换成数据，通过卫星进行传送，其信息量将大大减少，传送速度也会大大加快。由于接收方使用的也是国产激光照排系统，所以能够很容易地解释页面信息，恢复成和原版一致的版面并输出制版。

于是，王选决策，跨过报纸传真机，开发基于 BDPDL 页面描述语言的卫星远程传版的创新技术。

这一技术很快水到渠成，被国务院秘书局首先采用，实现了向各省政府机关的远距离文件传输。在报社方面，人民日报社走在了前列，1990 年 8 月 29 日，人民日报社与北京大学合作，在北京和《湖北日报》之间首次成功地进行了报纸卫星实地远传试验，传输的信息量只是传统传真方式的 1/50，传送一个版面仅用了 5 分钟，效果与原版完全一样，毫无失真。9 月 1 日,《人民日报》在头版进行了报道，标题十分醒目——《我国报业发展中一件大事——本报版面卫星实地远传试验成功》。到1992年年底，人民日报社已通过卫星向全国22个城市传送版面，传输速度缩短到平均2分钟传送一版。从此，全国大多数地区都在同一天看上了《人民日报》。

基于页面描述语言的远程传版代价低，电话线传版速度也能接受，再加上只需增添照排控制器和远程传版设备，物美价廉，所以很快在国内推广开来。到1994年，大约有100家报纸实现了远程传版。现在我国大多数中央级报纸都采用这种方式将报纸版面远传到外地，省报和一些市报也在省内传版，极大地提高了出报效率和质量，降低了成本，扩大了发行量。

规模如此大的、基于页面描述语言的远程传版在中文报业中属第一家，在西文报业当时也很少见。当王选将这一先进成果介绍给美国报业人士时，他们大为吃惊。虽然卫星传版在西方并不稀奇，《今日美国》(*USA Today*) 早就用卫星向世界各地远传版面了，其代印点数量也与《人民日报》接近，但他们传版用的是高速传真机，价格高达数十万美元。而中国的这一技术传送的是页面描述语言形式的版面，意味着所有代印点均能解释这一语言，这在20世纪90年代是"世界之最"。

与此同时，新闻采编流程计算机管理系统研制成功，1994年1月被《深圳晚报》首家采用，记者和编辑从采访、写稿、编辑修改、传送、审定、签发直到组版、发排，全部实现了电脑化管理，成为我国第一个告别纸与笔的报社。

其实，王选在1975年刚接触精密照排项目时，就憧憬着这一天的到来，当时一些计算机同行对王选选择照排项目不以为然，有的认为是与黑不溜秋的印刷业打交道，并不高级，也有的认为照排属于精密机械和自动控制课题，不符合北京大学的长处。而王选则认准照排是信息处理领域的课题，不仅淘汰铅字，还会带来信息利用方面的革命。这是因为，王选偶尔读到一则关于刚刚完成的《纽约时报》信息库系统的消息，使他一下子看到了用照排取代铅字后的报业发展前景，他断定，未来的报社一定是建立在计算机网络基础上的，通过建立基于数据库的信息存储和检索系统，使新闻采访、编辑和印刷出版实现一体化。1978年，王选在一家报社谈了这一设想，但离现实实在是太远了，人们连近期内能否淘汰铅字都很难相信，所以有人冷淡地评论说："北大王选老师今天奏了一首畅想曲。"

近20年过去，这一畅想终于变成了现实。随着信息时代的到来，有近200家报社用上了北京大学这一新闻采编流程计算机管理系统，把采编、组版、广告制作、检索和网上发送紧密地结合在一起，实现了全球任意地点的协同工作，使效率大大提高。美国报业协会的负责人邀请《广州日报》负责人去做报告，当看到他打开笔记本电脑就可以通过这一系统监控《广州日报》整个作业流程，并发出监控指令时，美国同行十分惊讶，纷纷赞叹中国报业的整体水平位于世界最前列。经过不断创新和完善，这一系统已发展为"报业数字资产管理系统"，获 2006 年度国家科学技术进步奖二等奖，被我国报社普遍采用，实现了"告别纸与笔"的又一技术革新。

"告别胶片、直接制版"则是王选 1979 年决策选择激光照排时就萌生的又一个美好梦想，同样源自他偶然看到的一则报道：美国 EOCOM 公司研制成功了激光直接制版机，被《洛杉矶时报》采用，作为版面远程传版的接收设备。这是王选看过的最激动人心的报道。

传统的制版方法是用紫外线照射经过激光照排机感光的底片，把底片上的图像转到 PS 版上，这是一个模拟过程，必然会造成图像质量的一些损失。计算机直接制版（Computer to Plate，简称 CTP）系统，则是采用数字化工作流程，把版面的文字和图像信息直接输出到版材上，版材经自动处理后，可以直接上胶印机印刷，从而免除了输出底片、人工晒 PS 版等一整套工序，不但能提高印刷质量，而且可以大大提高生产效率，降低成本，这无疑是印刷技术的一个重大发展方向。

但在 20 世纪 70 年代的中国，这只能是一个遥远的梦，因为铅字还未被计算机代替，直接制版用的版材价格更是昂贵得令人咋舌。此后的多年间，王选一直关注着计算机直接制版技术的发展，20 世纪 90 年代中期，条件已经成熟，到了把这个梦想变为现实的时候了，于是王选立即组织人员开始了开发工作。

1999 年，方正直接制版系统研制成功，在《羊城晚报》正式投入生产性使用。这一系统在纯软件 RIP 高速驱动下，输出速度达到每版 1.5 分钟和每版 6 分钟，在版材上形成版面，直接上轮转机印刷，从而进一步缩短了出报时间，开启了"告别照排胶片"的技术革新。

如今，随着直接制版所用版材价格的下降，直接制版已在我国绝大多数报社和印刷厂得以实现，胶片被逐步淘汰，进入了博物馆。

从黑白印刷到彩色革命

研制成功彩色出版系统，"告别电子分色机"，是王选和他的团队在全国乃至海外华文报业掀起的又一场轰轰烈烈的技术革命。

1982 年 12 月，我国印刷技术装备发展规划确定了"自动照排、电子分色、多色胶印、装订联动"的 16 字方针，其中电子分色指的是使用电子分色机制作彩色出版物。当时我国只有几家大报能够在逢年过节出几天彩报，使用的全部是价值数百万元的进口电子分色机。报纸出一页彩版，要先用分色机把彩色图片制成黄、蓝、红、黑 4 张色片，再通过复杂的拼贴工艺把图片与文字合在一起，制一个版面需 2 ~ 3 小时。人工定位会受到工人技术水平和精神状态的影响，精确度较低。

我国从 1973 年开始就着手仿制国外的电子分色机，但一直停留在出样机、开鉴定会的层面，仿制成一代，马上被国外新的一代所淘汰，始终不能进入市场。

王选有一种预感，随着激光输出设备和彩色扫描输入设备精度的提高，电子分色机迟早会被开放式的桌面彩色出版系统所取代。1987 年，在有关部委的一次科研规划会议上，王选对在座的专家学者恳切地建议："我们不能再走仿造电子分色机的老路了，应该抓紧研制彩色出版系统。"然而，当时电子分色机正风靡一时，国内已经进口了几百台，王选的提议自然被搁浅了。

王选决定发动年轻人的创造力，自行研发。1989年6月的一天，在北京大学旧图书馆前，王选给硕士生肖建国布置了这个任务："不去仿制电子分色机，直接研究文图合一的彩色出版系统。"

肖建国听了老师的话后，陷入犹豫和为难之中。自己此前研发了大屏幕交互式报纸组版软件，成功地取代了协作单位的报纸排版软件，但那是文字处理技术，和彩色图像处理技术之间毫无相似之处，没有什么经验。更重要的一点是，当时国际上连研发这项技术的试验设备都很少，只能根据揣摩和替代设备来研究，近乎异想天开。

肖建国对王选说了自己的顾虑。王选笑了，他鼓励肖建国说："虽然现在还没有成熟的设备条件，但我们要早下手，先解决技术问题。当初我们搞激光照排，又有谁有经验？你尽管大胆去做，我给你们当后盾！"

导师把创造历史的机会摆在了面前，肖建国的创造欲被激发起来，他很快和几个青年骨干摸索着开始了挂网、校色等关键技术的开发工作。

功夫不负有心人，1991年3月21日，肖建国他们输出了第一张彩色样张，并开始在解放军报社代印的

《中国乡镇企业报》试用系统。为了随时观察系统可能出现的问题，肖建国住进了报社，时刻盯在系统前，晚上就睡在报社的沙发上。经过几个月的艰苦努力，1991年8月8日，第一张用彩色出版系统排印的《中国乡镇企业报》终于诞生了。

王选为这一成果感到兴奋和骄傲，他利用各种机会，向各省出版局或报社、大印刷厂的负责人介绍："开放式桌面彩色出版系统的输出质量一定能与电分机媲美！"王选斩钉截铁的话每次都赢得热烈的掌声，但后来却听说，鼓掌的人中很少有人相信这一结论。一位销售人员说了实话："王老师，现在中国还没有出彩报的习惯，市场需求很少。再说，大报印刷厂已经进口了电分机，怎么可能放弃几百万元的机器不用，再来买咱们的彩色系统？"

看来，在大陆建立样板用户、推广彩色出版系统困难很大，于是王选把眼光投向了海外的《澳门日报》。

《澳门日报》曾经购买过第一套海外繁体版的汉字激光照排系统，但由于没有电分机，每天不得不把彩色照片拿到香港制作分色片，然后人工贴成整版，价格比一般报社更贵，效率更低，因而对彩色出版系统的需求也就更迫切。1991年下半年，《澳门日报》技术负责人温锦明在听王选详细介绍了图文合一的彩色照排系统后，立即同意建立合作关系。

1992年1月21日，北大方正彩色出版系统在《澳门日报》投入生产性使用，在世界上第一次实现了彩色照片和中文的合一处理与输出。1月27日，《澳门日报》用整版彩色篇幅做了题为"新闻出版业静静地起革命——澳门创中文图文合一彩色照排世界第一"的大型报道。

这是世界上第一套图文合一的中文彩色激光照排系统。它采用普通平面彩色扫描仪输入彩色照片，采用电子挂网方法，在彩色显示器上用交互方式设定文字、花边、网纹的颜色，颜色变化达千余种；最终实现文字、网纹、图片各种方式的叠加，图文合一，整页输出。成本比传统工艺节省3/4以上，拼版时间减少一半以上，输出一页彩版仅需20多分钟，后来经过不断改进，时间更大大缩短为2分钟。《澳门日报》使用后节省出报时间2/3以上，极大地提高了效率和质量，仅一年节省下来的到香港进行分色的费用就收回了投资。

1992年6月，《科技日报》成为国内首家采用方正彩色出版系统的报社。该报在6月1日头版刊登《告读者》："本报今日采用彩色激光照排出版彩色版，改变了使用电子分色机出彩版的传统工艺，是大陆应用北大方正彩色激光照排系统出版的第一张彩报！"

就在《澳门日报》用上方正彩色出版系统不久，《大公报》作为香港第一家用户购买了这一系统，但他们不敢一下全部上彩色照排，而是一版一版地试用，而且每次都用电分机和照排同时处理，请行家们把二者的结果进行仔细对比。终于有一天，行家们也分不出孰高孰低，甚至认为照排的结果优于电分机，《大公报》才下定决心舍弃电分机，全部用上彩色照排。

紧接着，《新晚报》也采用了方正彩色照排系统。《大公报》和《新晚报》一向以彩色质量享誉亚太地区华文报界，他们的试用成功起到了典型示范作用，一批华文报社纷至沓来。

1993 年，香港最大的报业集团《明报》宣布，采取国际招标方式，花上千万美元采购高档彩色出版系统，引起业内极大关注，先后有 5 家海内外公司参加投标。如果拿下《明报》这份大单，就等于拿到了进军海外市场的敲门砖，所以王选感到振奋不已，虽然当时系统的一些技术瓶颈问题正在紧锣密鼓地解决，能否胜出，并无十分把握，但他还是决定一试。

第一轮评测下来，方正系统速度最慢，排在最后一名。

具体负责投标的香港方正总裁张旋龙与《明报》关系很熟，《明报》的负责人私下对他说："这次实在用不了你们的系统了，给你们留点面子，主动撤标吧。"张旋龙一听，急忙说："这样吧，你给我一个机会，我明天回趟北京，回来如果不行就算了。"

当时王选正在生病住院，陈堃銶立即召集主要技术人员开会，和张旋龙一起逐一讨论系统存在的问题和解决方案。王选了解情况后，在医院也待不住了，他很快出院，火速赶往深圳，对《明报》的高层领导下了保证书："这几天，我们已经想出了改进速度的算法，相应的软、硬件也即将研制完成，再做一次评测就会见分晓，我 guarantee（保证）我们北大的系统一定是最快的。"

《明报》终于同意再给他们一次机会。王选亲自点将，紧急抽调20多名开发人员组成"救火队"。办理香港签证已经来不及了，大家连人带机器开赴深圳，在罗湖桥北岸安营扎寨。由张旋龙当传递大使，把《明报》的意见和要求传过来，再把改好的结果传回去。王选坐镇北京，时刻根据进展情况下达指令。

深圳不断传来好消息：系统的排版功能大大增强，速度一天一个样，短短一个月时间，解决了十大难题！经过艰苦拼搏，1993年10月，金秋送爽之际，王选他们的系统终于技压群芳，赢得了《明报》1400万美元的大单。

1994年，王选领导的团队又研制成功更为精细的高档彩色桌面出版系统，质量可与电子分色机媲美，从而进入了画刊、彩色杂志领域。同时，他们还把许多印刷厂已经进口的几百台电分机改造成了高档彩色照排系统，大大节省了厂家的费用。这一系统在全国迅速推广，并进入港澳台、东南亚和北美等地，风光无限，所向披靡，占据了80%的华文报业市场。许多外国电脑公司先后宣布："在汉字电子激光照排领域，我们放弃与中国人竞争。"

就这样，一场告别电子分色机的彩色技术革新从中国掀起，推向全球华文报业市场，实现了彩色出版的技术跨越。

上述电子出版技术引发的"四次告别"，使我国书刊平均出版周期由300天缩短到100天左右，出版品种大大增加；报纸信息量加大，新闻时效性加强，内容丰富多彩，形式赏心悦目，整个新闻出版行业呈现出欣欣向荣的景象。

科技顶天，市场立地

作为我国第一批把科研成果推向市场的先行者，王选一边身体力行地带领北京大学计算机研究所团队打拼，一边不断地总结实践经验，最终提出了"顶天立地"这一技术与市场紧密结合的模式，并进行了具体阐述：

高科技应做到"顶天立地"，"顶天"就是要有高度的前瞻意识，立足于国际科技发展潮头，对未来技术或下一代技术做技术储备，进行预研和探索，以不断追求技术突破；"立地"就是商品化和大量推广、服务。"顶天"和"立地"应紧密结合，相辅相成，以此实现技术与市场的正反馈，即首先实现技术跨越，向用户提供最先进的技术；用户在使用这一技术的过程中，根据自身特点不断提出进一步需求，从而促使技术向更深、更精发展。

如何做到"科技顶天"？王选认为关键是要有自主创新的核心技术，他用戏曲中的"一着鲜"来形象地做比喻：戏曲界有一说法，叫"一着鲜，吃遍天"，每个名演员在保留剧目中常常有一些绝招以吸引观众，因而经久不衰。在科研中也应该发扬自身的长处，有自己的特色，也应该有"一着鲜"，甚至"几着鲜"。

王选总结出一套技术创新的方式方法，极富启迪意义：

第一，跨越式发展是开辟高效益的捷径。"采用最新成果，实现技术发展的跨越，有时意味着用创新的设计，绕过按常规方式发展会遇到的巨大困难，从而走出一条高效益的、事半功倍的捷径。""告别铅与火"等几次告别，都是跨越式地选择了最先进、最有前途的技术方向，从而产生应用和市场方面的飞跃，接踵而来的是巨大的经济效益。

第二，"需要"和"已有技术的不足"是创造的源泉。把科技人员的才华聚焦到用户最愿意掏腰包的那些功能上。恩格斯说过："社会一旦有技术上的需要，则这种需要就会比十所大学更能把科学推向前进。"

第三，寻求最前沿的需求刺激。只有把应用和市场推到最前沿，才能获得十分宝贵的最前沿的需求刺激，而这是创新的重要推动力。

第四，新技术能创造出新市场。每个领域内出现新技术和新潮流的苗头时，就是实现跨越式发展和超越外国产品、实现创造历史欲望的大好机遇。关键是要善于发现新潮流，并有合适的带头人带领团队充满激情地冲锋陷阵。

第五，自信而不自负，执着而不僵化。选定目标后既要锲而不舍地拼搏，同时又要适应飞速发展的环境，不断求变，不断创新。

王选最终强调，坚持长期的技术积累，是一切技术创新的基础。看准方向和目标并有了正确的技术路线和方案后，就要坚持、再坚持。在这艰难的过程中，需要忍受各种不适当的、急功近利的评估方法的干扰而始终坚定自己的决心和信心，锲而不舍地奋斗下去。要有一种十年甚至十五年磨一剑的精神，这是实现所有创新理念的基础。

至于"市场立地"，王选也做了形象的比喻，他说："一个创新的，甚至于技术上有所突破的成果，必须经过市场的磨炼，否则很难改进和完善，也不可能取得效益，即所谓叫好不叫座。我国科技工作者应追求两种目标：文章或样机系统的发表被国内外大量引用并获得好评，即真正叫好；科研成果产业化后赚大钱，并进入国际市场，即真正叫座。"

如何才能做到既叫好又叫座？早在1984年，王选就向北京大学提出创办科技开发公司、将技术与市场相结合的建议，可以说是产学研结合的先声。1988年，北京大学计算机研究所与北京大学新技术公司合作进行激光照排系统的生产和销售后，公司的销售收入直线上升，取得了十分可观的利润，1993年正式更名为北大方正集团公司。然而，问题也随之而来，两者在科研管理、人才使用、转让费支付等方面产生了许多分歧，公司甚至不顾与研究所达成的协议，自行安排一部分人进行研发，想抛开研究所赚取更多利润。

这样一来，所里的一些人沉不住气了，向王选提议："王老师，咱们研究所干脆也办个公司，自己开发的产品自己卖，赚了钱都是自己的。"

王选承受着来自公司和研究所的双重压力，到底如何才能处理好两者之间的关系？闯过重重技术难关的王选，遇到了一个与以往完全不同的难题。王选遭遇的，实际上是我国特殊的经济体制下，科研院所与企业之间在进行技术合作时大多会遇到的矛盾。

1995 年，北京大学决定，方正与北京大学计算机研究所联合成立方正技术研究院，王选既是所长，又兼任院长。王选予以接受，因为他想这样既可以避免合作时的矛盾，还可能建立起以中远期研究、开发、生产、系统测试、销售、培训和售后服务为一体的一条龙体制，可以实现技术顶天、市场立地的产学研深度融合，为实现激光照排系统既叫好又叫座提供保障。

此后，王选不断探索实践，总结出许多有关中国高新技术企业发展的真知灼见。

他发现，企业走向成功具有某些共同特点：第一，技术专家和企业家的完美结合；第二，以一个优势产品起家，找准市场的切入点，在激烈的竞争中，找到薄弱环节切入，吃下一块市场，称为 niche market；第三，把提高市场占有率作为首要目标，从而确立行业标准；第四，以已有市场为基础，不断拓展新领域；第五，源源不断地涌现和吸引技术精英。此外，选择样板用户至关重要，应满足两个条件：一是对新技术的积极性很高，指望依靠新技术每天从事生产，而不是可有可无或只是锦上添花而已；二是有一定的技术力量，能提供研发所需的宝贵的前沿需求。

经过对大量中外成功企业的比较分析，王选总结说，中国高新技术企业应该实行下述模式：靠创新技术进入市场，赚取大量的钱；注重技术与市场的紧密结合，使科研开发进入良性循环；依靠销售收入和认股权，吸引和稳定一批优秀人才；企业实力壮大到一定程度后，更多地关注和投入 5 年以后的未来技术的研究。

王选进一步指出，我国高新技术企业的发展必须由企业家来领导，而不是科技专家。"没有市场和用户观念，只懂埋头开发、闭门造车的技术专家取得成功的机会是不大的；而不懂技术又缺乏科学头脑和管理才能的买卖人则很难真正开拓市场和领导高新技术企业"需要既懂得技术、又了解市场的新型复合型人才"。

通过20多年与企业合作的经历，王选认识到，一个好的企业家应具备7种素质：第一，为人正直，不以权谋私，不拉帮结派，要诚实；第二，具有远见卓识，对当前和未来的市场有一种敏锐的洞察力；第三，要熟悉财务，懂得资本运作；第四，要有冒险精神，当然冒险不是胡来，而是慎重考虑后的决策；第五，有较强的管理能力和现代化的管理经验；第六，有较强的沟通能力，企业家要领导好一个企业，最根本的一点是要做一个大家喜闻乐见、受人欢迎的人；第七，应该重视技术，因为一项好的技术往往会带来新的市场。

王选还写下许多有关企业生存发展的名句，如赚大钱难，难于上青天；要警惕领先的脆弱性；成功是失败之母；企业创业难，守业更难，创业是一个"九死一生"的过程，维持长期兴旺则是第二个九死一生，等等。

由于这些精辟论述和成功实践，社会上一度将王选评价为科学家加企业家和儒商，对此，王选有不同看法，他郑重强调：

我只是一个对市场有判断能力的技术专家，我的长处是能够在前沿技术领域敏锐地捕捉信息，判断什么样的技术是有前景的，是受市场欢迎的，我和企业家一起讨论可以加深这种判断；一旦确定了方向就会锲而不舍地去追求。但我不懂经营，对财务一窍不通，也不擅长管理，我的基本素质与企业家差距甚远，所以即使年轻20 岁，也不可能成为企业家和 CEO，更不可能成为企业领袖。

随着时间的推移，王选越来越感到，作为北京大学的一个教学科研单位，计算机研究所应保持独立的研究方向，应不受当前市场压力和商业利益的左右，需要比较宽松地做未来方向的探索，进行一些超前的研究，这对于研究所和公司的发展都是至关重要的。为此，2005年开始，计算机研究所和方正公司逐步分离。作为北京大学的二级教学科研单位，计算机研究所仍坚持"顶天立地"模式，通过对智能媒体技术等的前瞻性基础研究和技术开发，继续为方正集团等企业提供技术支持与合作。

王选紧紧追随我国科技体制改革的时代步伐，面向经济建设主战场，经过艰难探索和实践，创立了"技术顶天、市场立地"的产学研融合创新体系，为科技成果转化为生产力探索出一条成功的道路。

爱才如命，慧眼识才

从 1975 年到 1993 年，王选一直在科研一线拼命工作，直到有一天，他的一个设计被学生一句话否定，他才意识到，自己应该退下来，全力扶持年轻一代了。

1993 年春节，王选像往年一样，把家门一关，专心进行方正 93 芯片的设计。春节对于王选来说，是可以聚精会神搞科研的一大段宝贵时间，他的许多设计都是春节期间进行的。两个星期以后，王选的方案完成了，其中专门设计了一个缓冲功能，能够加快芯片处理速度。

上班第一天，王选把方案拿到单位，不料他的学生刘志红看后说："王老师，还有一个更简便的方法，您可以在计算机上用检测 PC 总线 BUSY 的方法实现，效果比您的方案还好。"

当时，王选已被评为中国科学院学部委员（后来改称院士），但他平时对学生毫无架子与保留，所以，刘志红并没有多少顾虑就脱口而出，把导师的方案否定了。

王选猛然意识到，计算机技术发展迅速，自己在掌握重要的技术细节方面已不如年轻人，他批评刘志红："你这好主意为什么自己出不来，非要我花了两个星期做出一个馊主意才能逼出来呢？"

王选问学生，也是在反问自己。这一年王选 56 岁，正是年富力强大展宏图的年龄。多年来他坚持晨练，身体十分硬朗，健步如飞，思维敏捷，无论从哪个角度去评判，都谈不上"老"。王选一直觉得，自己还可以和年轻人一起多干几年。

王选开始查阅文献资料，认真地研究着计算机领域的规律。他发现，图灵奖、Hopper 奖等计算机领域大奖的 70 多位获奖人都有一个显著的特点：他们做出第一个杰出成就时的年龄往往都在 20 多岁和 30 多岁，很少有超过 40 岁的。王选也看到，美国华裔电脑巨头王安、"巨型计算机之父"克雷、世界第二大计算机公司 DEC 的总裁奥尔森，都曾是叱咤计算机界的风云人物，但都因为晚年跟不上技术发展的潮流，决策失误而导致下台甚至公司破产。

这些例子使王选感到震撼，他回想着多年的科研经历，自我剖析道：

我的两次创造高峰——1964 年从事软硬件研究和 1975 年研制激光照排项目，分别是 27 岁和 38 岁，可以说是无名小卒，常常会受到一些表面上比我更权威、却对实际技术细节了解甚少的人的干扰。幸运的是我常常能说服别人，有时也不得不采取阳奉阴违的办法来绕过这种干扰。

现在我已经56岁，却似乎成了计算机某个领域的所谓"权威"，事实上随着各种事务性工作和社会活动日益增加，我看的技术资料和文献已不如年轻人多，第一线的实践更不如年轻人，对于计算机这种新兴学科领域，不掌握或不熟悉重要的技术细节是容易犯"瞎指挥"错误的。看来从事电脑研究开发的最佳年龄是20岁到40岁，我的创造高峰已过，那些有才华、有潜力、尚未成名的"小人物"才是最需要大力支持的。

经过深思熟虑，王选决定正式退出科研第一线，提议任命36岁的肖建国、28岁的阳振坤和汤帜分别担任彩色系统、栅格图像和文字处理三个研究室的主任，全力支持和培养年轻一代。他郑重宣布："今后衡量我贡献大小的一个重要标志，就是发现了多少年轻才俊，是否做到爱才如命、人尽其才和才尽其用。"

从连续18年没有休息过一天的科研一线上退下来，离开自己最钟爱的设计工作，需要非同寻常的勇气和智慧，这是王选一生中又一个重要抉择。

多年后的2000年，王选看到一部介绍邓稼先的专题片，里面讲了一段往事：20世纪60年代初，在研究原子弹原理时，50多岁的杰出核物理学家王淦昌推导一

个公式，花了很长时间，怎么也推导不出来，后来他把
这一任务交给了 30 多岁的邓稼先。邓稼先只用了一个
晚上就推导出来了，第二天给王淦昌看，王淦昌说："这
正是我想要的结果，但我怎么也推不出。"

看到这里，王选心生感触，电视片丝毫没有贬低王
淦昌的意思，这一事例说明，在机敏和创造活力方面年
长者往往不如年轻人，"这再次印证了一个事实，我的退
出是十分明智的"。

"爱才"首先要"识才"。王选凭着一股求贤若渴的
劲头，寻觅着中意的人才。他总结识别人才的标准："我
判断年轻人将来是否会有所建树时，要考察其品德、能
力、团队精神和是否认真负责、踏实肯干。此外，很重
要的一点是看面临吸引人的挑战时是否充满激情，是否
有力争第一的勇气和韧性。"

王选从 1982 年开始招收硕士研究生，1986 年开始
招收博士生，到 2002 年为止，他的名下共招收硕士生
56 名，博士生 39 名。王选招学生不唯分数论，而是根
据计算机行业的特点和年轻人的实际能力判断"千里
马"。肖建国是恢复高考后的首批大学生，毕业工作 3
年后又考上北京大学计算机系研究生，毕业时已 30 岁。
王选发现肖建国动手能力强，踏实肯干，便向学校推

荐，将肖建国留了下来。汤帜当年考王选的硕士时，有一门非专业课成绩不理想，但数学和计算机成绩出色，王选发现汤帜是难得的人才，破格录取，后来又收他继续读博士并留所工作。王选用这种途径招来了多名技术骨干，他们都成为在不同研究方向上挑起大梁的干将。

到20世纪90年代末，计算机研究所从事研究开发的年轻人已有上百人，平均年龄不到27岁，绝大多数研究室主任小于36岁。人才招来了，怎样吸引和留住他们，让他们充分发挥、展现自己？这是一个更关键的问题。知人才能善用，王选让人事部门准备了花名册，上面贴满新学生和员工的照片，每张照片下标着姓名和毕业院校。一有时间，他便到各个机房"串门"，和年轻人面对面聊天交流，了解他们的在校成绩、得奖情况、个性特长甚至家庭背景、兴趣爱好等，有的寥寥几笔，记在花名册上："某某很聪明、能力强、爱玩""某某住外婆家（附近）""某某40人中排前10名，直、倔、冲……"更多的是详细记录在一个随身携带的红皮笔记本上，大家亲切地称之为"红宝书"。通过这种方式，他可以说出单位上百个年轻人的名字，对他们的情况也十分熟悉，从而为因材施教打下了基础。

精心育才，千方百计让年轻人出彩

作为一名学科带头人，王选认为最重要的责任是鼓励和帮助年轻人选择具有挑战性、应用前景光明的研究方向和课题，把他们放在需求刺激的风口浪尖上，千方百计地让优秀的年轻人出彩。

他说："导师的作用是指明研究方向或技术路线，绝不是知识比学生更高明，而是要能保证 do what（做什么），至于 how to do（怎么做），则由学生来完成。"要避免"不上不下"式的科研方向，即从事基础理论或应用基础研究的科研人员，把成果发表一些小文章，一般引不起注意，自己过几年也淡忘了；从事应用技术研究的科研人员，则成果常常因缺乏创新，不能转化成有竞争能力的商品。王选强调，一个"不上不下"的项目，大多是因为研究方向或技术路线不正确，而这是学术带头人最需要关注和避免的，因为耗费优秀年轻人的青春年华而没有结果是一种最大的浪费。

同样是博士生导师的陈堃銶对年轻人也是爱护备至，王选忙的时候，陈堃銶就帮着王选带学生，所以许多学生在谈到自己的导师时经常说："我们是王老师的学生，也是陈老师的学生。"两人平时经常琢磨，这个年轻人适合干什么，那个人适合干什么。特别是那些有才华的年轻人，要让他们从事感兴趣的工作，才可能发挥才能。陈堃銶形象地比喻说:"就好比吃鱼,要让他们吃到鱼中段的好肉,你只让他吃边边角角,他没有兴趣,干着当然没有劲头。"

王选的博士生郑民提出,Windows 提供的集成软件环境非常好,应该开发基于 Windows 的专业中文排版软件。当时 Windows 还很不成熟,但王选预感到它未来的发展前景很大,欣然支持,很快组织一批骨干,让郑民带领他们进行研发,推出了维思系统,创造了两个第一:它不但是世界上最早的基于 Windows 的中文专业排版软件,也是国内 Windows 上的第一个大型应用软件。

王选给肖建国压重担,让他研究第一个大屏幕报纸组版系统和彩色出版系统,鼓励肖建国披荆斩棘,实现了看似异想天开的目标。肖建国感叹:"王选老师让我敢于想前人所不敢想、做前人所不敢做的事,将研究成果转化为生产力,让社会承认自己的价值,在奋斗中享受成功的快乐,我感觉终于找到了一个可以终身干事业的地方。"

栅格图像处理器 RIP 是激光照排系统的核心,前五代 RIP 都是王选主持研制的,他把研制第六代 RIP 的任务交给了博士生阳振坤,使他的潜能得到充分发挥。当阳振坤研究成功基于国际上第一个中文 PostScript Level

2 的第六代 RIP 时，王选高兴地到处宣布："我的欧洲专利已被阳振坤更新了一半！"后来，第七代 RIP 开始研制，阳振坤大胆提出，完全用软件算法代替原有的硬件芯片，来实现汉字信息还原，这意味着王选主导设计的前面几代软硬件结合的产品将被彻底"淘汰出局"。没想到，王选坚决支持，并果断停止了新一代汉字还原芯片的研制。这个关键的决定，最终确保了方正激光照排系统在国内市场的领先地位，并奠定了进军海外市场的基础。

研制出产品出口到发达国家市场，满足外商提出的苛刻要求和完成平日难以想象的困难任务，对年轻的优秀研发人员是一个很大的激励和锻炼。王选决策研制日文出版系统，并把任务交给了汤帜、李平立。汤帜提出采用"面向对象技术"作为出版系统的基础结构，进行日文排版软件的研究，得到了王选的大力支持。1997 年，这一系统研制成功并被日本 300 余家出版机构使用，《北京日报》报道称它是中国企业第一次较大规模地出口和销售拥有自主知识产权和自有产品品牌的高科技应用软件。

日本 NHK 电视台采访李平立，作为一名奥数金牌得主，完全可以到国外找一份收入更丰厚的工作，为什么会留在国内？李平立回答："在这里更能实现我的理想，过去都是日本把技术拿到中国来，现在我们让日本也用中国的技术，这种自豪感、成就感是任何东西也代替不了的。"

这正是王选所期待的，要做到人尽其才，才尽其用，重要的不是物质条件，而是制定能取得重大的经济效益和社会效益，或者具有重大科学价值的科研目标，这会极大地激发青年人才的积极性和创造性，使他们尽快研发出成果并转化成商品，并从中感受到创造历史的主人翁感、成就感和荣誉感。

王选发现，要研发出这样的成功产品，有三类人才非常重要。第一，是创新的灵魂人物，专心致志，痴迷技术，但是也懂得市场。第二，是一支强有力的商品化队伍，能够根据市场的要求，很快把技术实现商品化，不断做出适合市场的创新。第三类人才尤其重要，是能洞察产业方向的前景，善于开拓市场，能够领导整个产业的杰出人才。

要培养上述人才，一个十分必要的举措就是把他们放到市场需求的前沿，把市场竞争和人才培养结合起来，市场的严格考核能锻炼青年人才踏实严格的作风，市场需求刺激能激发创造力，最终实现"用财去培养人才，再用人才去创造财，形成一种良性循环"。但王选也提醒，有一点需要注意，瞄准市场需要的同时也要与学科方向相结合，不能把研究生当成劳动力来用，反对仅仅为了商业上的需要而临时开发某一产品去卖，为了钱去做一些短平快的东西，导致学术上得不到提高，学科也得不到发展。

育人的首要任务在于立德。在选拔和培养青年人才时，王选首先看重的是他们的品德，他常拿宋任穷选拔人才的名言做例子："德才兼备，提拔重用；有德无才，难当重任；有才无德，以济（助长）其奸。"有才无德的人是最危险的，王选对此一直牢记于心，他更是常用自己的"好人观"去教育和影响年轻人。

强调献身精神和爱国情怀，是王选的又一育人法则。在选择科研方向或工作时，除了技术层面的考虑，王选给年轻人指出更重要的遵循原则，即是否符合国家和社会的发展需要。王选在大学时选择冷门的计算数学，在38岁身处逆境时投入"748工程"，都是把握了这一原则，从而走上了正确的科研道路，这也成为他指导年轻人时最常引用的例子。

王选的学生都知道，王老师要求十分严格，要想顺利毕业，非要下苦功夫不可。一些学生不肯脚踏实地、集中精力从事研究工作，忙着兼职赚外快，或忙着联系出国，读研究生如同来"串门"，造成不良风气，这些都是王选不允许的。例如，博士研究生从事理论研究的，必须有若干篇有见地的为国内外重要杂志录用的文章；从事应用研究的必须有达到先进水平的成果。对于达不到要求的学生，王选对他们丝毫不讲情面，不授予学位甚至退学。王选强调，玉不琢不成器，响鼓也需重锤，这是促使人才成长的又一重要手段。

计算机应用领域的重大成果，常常需要科研人员团结协作、集体攻关，特别是软件开发，大多是集体作业，所以王选特别强调培养青年人才的团队精神。他有一个很生动的比喻：日本人做事是下围棋方式，从全局出发，为了整体利益和最终胜利可以牺牲局部棋子；美国人做事是打桥牌风格，与对方紧密合作，针对另外两家组成的联盟激烈竞争；中国人常常是打麻将的做法，孤军作战，"看住上家，防住下家，盯住对家，自己和不了，也不让别人和"，这是万万要不得的。

为了说明团队精神的重要性，王选还常给大家列举两个相反的例子：

我们的一位学生，大家公认他能力出众，干活麻利而可靠，但情绪商差，任性自傲，与合作者搞不好关系。后来他到了一家公司主持开发某个软件，当他发现下级编的程序有错误并指出后，那个下级改正了他指出的错，却又故意制造了另一个错，这是因为他与同事关系不好的缘故。该软件后来很快就在市场上消失了。

我的一位大学同班同学成绩一般，智商并不突出，但情绪商很好，大度、坦诚，对人友爱，大家乐于和他交往。大一时我睡在他上铺，半夜解手时我常常迷迷糊糊地把脚踩在他的头上，他总是一笑了之。后来他在核武器领域奋斗了四十余载，花甲之年当上了工程院院士。

在王选的精心培育和率先垂范下，计算机研究所形成了团结和谐、奋发拼搏的科研氛围。

真心惜才，提供良好的创新环境

王选曾提出吸引年轻人才的四个条件：一是成就感，要使年轻人有创造历史的感觉；二是创造团结和谐的环境；三是创造条件不断使年轻人的业务得到成长和提高；四是提供较好的生活条件。多年以来，他一直努力践行着上述主张，想方设法吸引和留住人才。

王选认为，创造平等、宽松的环境，对于人才的成长极为重要，他说："一个单位有一位学术带头人名气很大后，常常在很长一段时间内出不了新的名人，这是很值得警惕的。"王选鼓励青年人才要敢于破除对权威的迷信，学生可以反对老师。他常举钱学森的例子：钱学森的导师是国际著名学术权威，一次，钱学森因学术问题跟导师争得面红耳赤，导师非常生气，但第二天想起钱学森说的是对的，便爬上三楼给钱学森赔礼道歉。王选的方案被学生刘志红否定，他不但非常高兴地接受，还常在各种场合称赞刘志红的创新方法和勇气。一些刚来的年轻人，因为岗位不适合，会径直来找王选，想换个部门，王选在了解情况后立即找来相关部门的负责人，当场协调解决。有重要骨干想跳槽，王选会亲自出马，弄清楚他要走的意图，找出解决办法，真心实意地挽留。王选并不反对年轻人出国深造或进修，他为不少学生出国写过推荐信，把许多学生派到国外学习，时常关心他们在国外的情况和对未来的打算，欢迎他们学成后回国做贡献。

王选参观过美国施乐公司 PARC 研究中心，对其供讨论用的房间印象深刻：房间里没有椅子，地上铺着像席梦思一样柔软的填料，人一坐下去就随之变形，象征着一种不拘一格、自由探讨的精神。王选由此得到很大启发，他呼吁：一定要给优秀人才提供良好的创新环境，让优秀人才做自己喜欢的事情，要解脱他们的杂事和各种干扰（例如频繁的评估），使他们心无旁骛地埋头创新，只有长期积累和专注才能出大成果。他鲜明地阐述了对我国科技评价体系的看法，认为基础研究和应用技术的标准是不同的，对于应用性很强的学科，有时仍把 SCI、EI 的文章数作为重要评价指标，这是很有害的。一项自主创新的高科技产品能在发达国家市场占有高的市场份额，是对该技术成果的最严格和最准确的评价。不能把获奖和 SCI、EI 文章作为目标，而应该有持续奋斗十多年、不断创新、最终使高技术产品在市场上雄居榜首的决心。为此，王选提出一个 12 字方针"给足钱、配备人、少评估、不干预"，切切实实为青年人才营造踏实科研的良好环境。

王选还强调，要给予青年人才及时周到的精神激励和科研回报。他特别善于在精神上鼓舞年轻人，注意在各种公开场合把优秀的年轻人才推上前台。在一些成果发布会上，面对众多媒体，王选经常这样介绍："这一成果是在我们年轻的技术骨干带领下研发出来的。"然后他会请在座的年轻骨干站起来，让大家认识一下。媒体采访他时，只要一谈到那些有才华的学生，王选就会眉飞色舞，语调轻快急促，恨不得把所有青年人才都称赞一遍；或者带着记者径直走到机房和他们一起讨论问题，让年轻人多"露脸"，提高他们的公众知名度。

成果做出来，或写论文，或报奖，都有一个署名问题。对此，王选的观点非常鲜明：如果研究方向是导师提出的或导师与学生讨论后共同提出的，而总体技术方案、系统设计与实现是学生负责的，那么成果的第一署名者当然是学生；如果导师做的工作不如学生，排名放在后面；假如导师没做什么工作，想法都是学生提出来的，就不署名，不要霸占学生的成果当作自己的成绩，只有这样才能够使年轻人出头。肖建国主持研制的彩色出版系统在申报科研成果时，曾想过署上导师王选的名字，因为成果离不开王选的指导，但王选坚决反对。阳振坤等年轻人研发的"支持中文 PostScript Level 2 和 BDPDL 的栅格图像处理器"这一成果获北京市科学技术进步奖一等奖，虽然是在王选的技术基础上取得的成果，但在报奖时，作为院士的王选坚持把阳振坤排在第一，自己排在了阳振坤的后面。

在提职称的问题上，只要觉得符合条件，不用当事人自己提出，王选会主动安排他们提出申请，并不遗余力地去奔波争取。1990年，在讨论郑民、肖建国破格提副教授的北大理科分会上，王选力陈这两个爱徒应破格提职的理由，并发表了一席如何提拔重用年轻人才的精彩言论。会后，参加讨论的学术委员们有的对王选说"应该把你的发言录音，放给教委听听"，有的感叹道"为了今天的发言，应该给王选发一块金牌"。郑民、肖建国的提职申请最终获得通过，其中郑民得到的更是唯一的全票。肖建国曾感慨，自己从获得硕士学位到晋升教授只用了四年半，"我从未和王老师提出过我该晋升职称了，都是他主动安排的，而且每次提职后，他从未和我提及他是如何帮助我不断破格提职的，也从来没在我面前暗示过他的关照。他对人的关心是润泽无声的"。

除了在事业上激励和支持优秀的青年人才，王选还想方设法为他们提供良好的生活条件，解决其后顾之忧，在待遇上留住他们。1993年，王选在《给年轻人提供良好的环境和提倡团队精神》一文中，提出了"价廉物可能不美"的观点，在当时的社会环境下颇为振聋发聩。

他认为，事业心强的优秀年轻人才在有了很好的住房和工作、生活条件后，一般不会无限制地追求物质待遇，而会投身于他们看得更重的事业中去，这说明金钱不是万能的；但过低的收入，没有安身的住房，则很难使年轻人去"献身"，这也说明没有钱是万万不能的，应该用高新技术产业的收入来改善青年人才的工作和生活条件。

早年研发条件艰苦，王选夫妇没有子女，对学生悉心关爱，视如己出，为了保证加班的开发人员的营养，王选经常从自己的工资中拿出一些钱，给大家买食品和营养品。炎热的夏天，遇上周末加班，王选便骑上自行车去买个大西瓜，带到研究所给年轻人解渴，陪他们一起加班。过节时研究所会给员工分一些水果、副食品等福利，王选和陈堃銶就只领一份，匀出一份分给不是正式员工的研究生。王选还常请所里的年轻人来家里吃饭，由陈堃銶掌勺，改善伙食。

20世纪90年代，北京大学实行单位集资建房，王选建议计算机研究所从技术转让费中拿出近300万元，先后在学校集资购买了60余套房子的住房权，分配给一批成绩突出的年轻业务骨干，无论年龄大小、职称高低、结婚与否，只要取得重要成果，都可以分到一套，解决了一批青年人才的后顾之忧。这一举措在当时颇为轰动，他在接受《科技日报》《人民政协报》《瞭望周刊》等媒体采访时恳切地说：

> 要给洋博士、土博士和同等水平的人起码一套住房。再穷，也要拿钱，这是应该的。陈毅老总说，把裤子当了也要搞原子弹。我说，把裤子当了也要盖房，给优秀人才一套房子。为什么大量人才往外资企业跑？在那里，虽是雇工，可拿的钱多；如果我们与外资企业在待遇上不相上下，这时再强调献身精神与理想，那么我们自己的人才多半会转回来，尝尝做主人的感受。

2002年，王选用其获得的国家最高科学技术奖奖金和北京大学的科技奖励共900万元，在计算机研究所设立了"王选科研基金"，支持和鼓励青年科技工作者从事具有基础性、前沿性的中长期科技创新技术研究。

王选还尽力在生活上对青年人才予以关心照顾，了解他们的困难并帮助解决。他对许多年轻人的家庭情况都很熟悉，只要听说过一次，就能记住他们爱人或孩子的名字。有的年轻人妻子上班离家远，王选就下大力气帮助调动工作，使其更方便地照顾家庭；有的本人或家属患病，王选就热心介绍医生和治疗方法，还把从报纸上看到的偏方剪下来交给他们。

　　曾经有记者问王选，什么是他最高兴和最痛心的事。王选说："看到年轻人出彩是最高兴的事，因方向错误或管理不善而浪费优秀人才的青春年华则是最痛心的事。"记者又问：为什么如此热心提携年轻人？王选坦率而幽默地回答："我 38 岁站在科研最前沿，却是无名小卒；58 岁时，成为两院院士，但是在两年前就离开了设计第一线；到 68 岁，又得了国家最高科技奖，但已经远离学科前沿，靠虚名过日子。"其实并不是自己"高风亮节，毫不利己"，而是计算机这类新兴学科，技术发展和知识更新迅速，年轻人具有明显优势。"假如不这么做，单位就要垮台，我的名气也就没有了，所以扶持年轻人是一种社会需要，也是我的一个'自私'想法。"

　　王选在《"伏枥老骥"与"甘当人梯"》一文中，对"伏枥老骥"如何实现"千里之志"进行了新鲜的阐述：

　　伏枥的老骥一般都有很强的事业心，总想在晚年继续做出重要贡献，这种心态是好的，是可以理解的。但应该把这种雄心更多地落实到扶植新一代的年轻学术带头人上去。所以我认为，伏枥老骥最好用"扶植新秀，甘做人梯"的精神实现自己志在千里的雄心壮志。

一身正气，两袖清风

经历了多年的攻坚克难、顽强拼搏之后，王选终于迎来了人生的高峰，各种荣誉接踵而至，先后获得联合国教科文组织科学奖等 20 多项国内外大奖，多次被评为全国劳动模范、先进工作者，2002 年更是荣获了 2001 年度国家最高科学技术奖这一崇高荣誉。

1991—1994 年，王选分别当选中国科学院学部委员（院士）、中国工程院院士、第三世界科学院院士，成为我国为数不多的"三院院士"；后来又先后担任了全国人大教科文卫委员会副主任、九三学社中央副主席、中国科协副主席等职务。2003 年，王选当选第十届全国政协副主席，成为国家领导人。

中央电视台的记者曾在采访中询问王选："您取得成功的因素是什么？"

王选回答："我想主要是洞察力、执着、痴迷和团队精神。"的确，王选曾将自己的科研治学之道归纳为 16 个字"选准方向，狂热探索，依靠团队，锲而不舍"。他接着补充说：

除此之外，在年轻的时候就需要一种非常刻苦的精神，而且丝毫不能急功近利。我非常赞赏西方的一句话：一心想得诺贝尔奖的，得不到诺贝尔奖。我当年做事，根本没有想到金钱上的报酬和个人的荣誉。

为了说明上面这句话，他常给大家讲自己的亲身经历："1990 年 11 月，我到厦门领取陈嘉庚技术科学奖，遇到颁奖嘉宾、诺贝尔化学奖得主李远哲。私下交谈时我问他，对获诺贝尔奖怎么看。李远哲说，他从来没想到能得诺贝尔奖，当获奖的消息宣布时，他正在做报告，大家上前祝贺，他以为是祝贺学术报告做得成功。"

面对纷至沓来的荣誉和地位，王选始终保持着清醒的头脑，他说：

中国古代有句话（《颜氏家训·名实》），"上士忘名"，将名利彻底淡忘；"中士立名"，靠自己的成就把名立起来；"下士窃名"，自己不行就窃取人家的。我的原则是：不该我得的名利坚决不要，可要可不要的名利也不要。我做不到上士，但是我不会为了立名而去窃名。

这就是王选对待名利的态度和原则。

一个人在家里的表现是比较放松的，也是最能体现人的本质的。陈堃銶从没见过王选获了奖回到家中洋洋得意过，相反，他表现得很平静。有时他和一些老科学家或有突出贡献者一起开会，回来后便对陈堃銶说："我感到自惭形秽。"因为他清楚，自己所取得的成果是集体智慧的结晶。

1991年，广西科学技术出版社出版了《中华之光——王选传》，在封面和内容提要中，称王选为"中国汉字激光照排之父""现代中国的毕昇"。出版前王选并没有看到，后来他在给友人赠书和多种会议场合，都反复强调，"……之父""当代毕昇"等提法把100多人的功劳归于我一人，群体的精神和贡献并未体现。我能够得到今天的荣誉，是依靠了集体的贡献，是很多人共同努力的结果，"当代毕昇"是一个集体。

这不是王选谦虚，而是他的真实想法。多年来，他总觉得自己在科研的某些方面不如别人，并能一口气说出六七位某些方面比他强的技术骨干，其中包括他的学生。

后来荣获"三院院士"的桂冠后，王选说了这样一番别有深意的话："在高新技术领域千万不能迷信院士。一般来说，院士者，是他一生做了重要贡献，给他一种安慰、一种肯定而已，多数院士创造高峰已过。当然在医学、农业、考古、植物分类等知识更新不太快、又需要长期积累的领域里，年纪大的还是很有作用的。此外，少数年长院士还在创造高峰期，所以不能一概而论，但在计算机等新兴领域，很难有 60 岁的权威。"有人提醒王选，这样说可能会得罪一批人，还是少说为好。他一笑置之。

1998 年 11 月，北京市委教育工作委员会、市科学技术委员会分别做出开展学习王选活动的决定，王选却诙谐地说："有一句话叫好汉不提当年勇，现在我是一个曾经做出过贡献，今天创造高峰已过，跟不上新技术发展的过了时的计算机专家，就像下午四五点钟的太阳，快要下山了。"

多年来，作为一个科研集体的领导者，这种"不如别人"的清醒认识，使王选真诚地尊重他人，虚心听取和容纳不同意见。他特别推崇"两弹元勋"邓稼先的真诚坦白、宽和纯厚和从不骄人，把邓稼先作为一生的榜样，时刻警醒自己："领头人如果过分追求名声和地位，就很容易自觉或不自觉地把下属功劳归到自己账上，从而引起内部矛盾，狂妄自大，听不进不同意见，做错了事不承认，谋私，心胸狭窄、记仇，分亲疏，只想自己成功，不愿或不支持同事成功等，都会影响一个团体的凝聚力。"

王选的纯净人格与邓稼先十分相似，这是一种惺惺相惜的欣赏。

王选性情温和，待人敦厚，透着一股真诚、坦率和信任，跟他接触的人很容易被感染，大家都亲切随意地叫他"王老师"，就是后来担任了全国政协副主席，"老师"这一称谓也没有改变。若听到别人叫自己"主席"，王选会很认真地说："不要叫我主席！"有人称他首长，他开玩笑地伸出手摆一摆说："我是这'手掌'！"他辞掉了许多虚职，却始终担任北京大学计算机科学技术研究所所长，人事关系也一直放在北京大学。他最常用的名片，只简单印着"北京大学计算机科学技术研究所，教授，王选"。他说这张名片是永恒的。的确，平日的王选看上去貌不惊人，衣不出众，丝毫感觉不到名人架了，更没有任何官气，就是一名普通的大学教师。

做学问如同做人，做学问一丝不苟，做人必定至真至诚。工作上，同事们用三个字形容王选：一是"急"，性子急，工作效率高。办事果断干脆，不拖泥带水，良好的逻辑推理和分析判断能力使他能在短时间内做出决断。

二是"实"，为人真实，做事踏实，严谨求实，不搞花架子，容不得弄虚作假和逢迎拍马。王选曾在报纸上发现一条假新闻，报道某项目获国家科技成果进步奖一等奖，他立即意识到，我国从未设立过这一奖项，便写信向报社查问此事，结果发现是一家骗子公司假冒国家奖励办公室的名义行骗。王选认为此案性质恶劣，在他的建议下，公安部门立案查处并最终抓获了兜售假奖的骗子。

三是"直"，单纯直率，说话、办事不会拐弯抹角。这一点妻子陈堃銶最了解："王选是个直性子，一根肠子通到底，他心里想什么，你一眼就能看出来，说话不会拐弯，有同事好心地要我转告他：害人之心不可有，防人之心不可无；拿不准的不表态，即使拿得准的也不要急于表态。他听后哈哈大笑说：'我办不到！'他就是这么一个简单的人。"

这样的秉性和正气使王选严于律己，廉洁奉公。他公私分明，不多花单位一分钱，不愿占公家便宜。到外地出差，总是坐经济舱，住标准间。有一次，香港方正总裁张旋龙陪王选去美国见一个客户，王选提出要住普通酒店。张旋龙说："王老师，您在美国见大客户，住这种地方，没戏的。"王选这才同意住进五星级酒店。那个项目谈得很成功，之后他感慨地对张旋龙说："还是你对。不过现在项目谈完了，我们可以搬出去了吧？"

一些人为了获得王选的推荐，会向他送礼。王选对付送礼的人有一个绝招："候选人和单位领导一起来家里，送来候选人材料和礼物。我对他们说，今天我只能收一样东西，你们看留下哪样好呢？结果他们只有老老实实把礼物拿走，把材料留下。"

多年来，王选外出开会总会带回一些主办方赠送的奖品和纪念品，小到钢笔、笔记本，大到高级手表、照相机。王选把它们都捐给了单位，到年底开联欢会时抽奖用。有一次王选在联欢会上抽中了一对情侣表，按说这应该属于他了，但是第二年，他又把这对情侣表交上去继续做奖品用。

早些年研究所每月根据工作情况计发一次奖金，王选立了一条规定："我只拿二等奖。"副所长刘秋云后来几次建议："你不拿一等奖，别的同志拿一等奖，心里过意不去，这不像一个完备的激励制度。"王选听后觉得很有道理，改掉了这一条。属于他的劳动所得，他都欣然接受，然后按照自己的一贯方式处理——捐赠出来。他和陈堃銶经常拿出自己的奖金，连同稿费和讲课费、顾问费，交到所里，给大家发奖金；老同事、老朋友或学生遇到困难或生病来求助，他们慷慨相助；每逢北京大学号召捐助灾区和贫困地区，王选和陈堃銶都掏钱让司机买来崭新的棉被送去，或直接捐款；有时看到电视里播出某地发生灾害的新闻，他们急忙打听哪里可以捐钱或衣物。

湖南九三学社的同志还记得这样一幕：1999年，王选带队到长沙和株洲等地做科技报告，仅有几十万人的炎陵县城，住宿和会场条件比较简陋。为了不增加基层的接待负担，王选和大家沿途找了个街边小店用午餐。临别时，王选又掏出 2000 元钱捐助给了县里。

在王选家里，存放着几十张捐款收据，那是王选夫妇多年的捐款记录，包括捐给研究所"陈嘉庚奖"奖金3万元、"香港蒋氏科技成就奖"奖金10万美元；捐给北京大学数学学院近30万元，用作"周培源数学奖学金"；捐给九三学社10万元；还有给希望工程、抗洪赈灾、抗击"非典"等募捐活动的捐款……许多早期的收据已经发黄和破损了，有的只是一张简单的收条，只有经办人签名，连公章也免了。

王选荣获国家最高科学技术奖，奖金人民币500万元，北京大学等额匹配奖励他500万元。王选除把其中900万元科研经费捐出来设立科技奖励基金外，属于他个人的100万元在交税后绝大部分也捐给了计算机所。

王选夫妇捐出的是巨款，过的却是极为俭朴、近乎吝啬的生活，他们怡然自得，对吃、穿、住、行几无所求。王选在办公室喝水用的是一只普通塑料杯，白底缀着红点，时间长了，红点磨掉，变成了白色。每次下班前，他都不忘把杯里的水喝光，说不能浪费。

王选对纸张非常爱惜，他写字打印的纸张都是两面使用，手稿大多写在废纸背面，而且写得密密麻麻，不留空白，一些内部文件传送使用的也是旧信封。受他的影响，许多同事养成了用废纸、废袋的习惯。

2000年以前的十多年，王选住的一直是北京大学分配的一套74平方米的住房，地上铺的是地板革，最主要的家具是书柜，王选和陈堃銶一人一张简易书桌，上面堆着高高的资料和书籍。屋内没有多余的装饰和摆设，墙上也不挂什么字画。后来有机会住进院士楼，王选拒绝说："我已退居二线，住这个房子就行了。若有可能，应尽量改善在一线工作的年轻人的居住条件，现在都是在靠他们出成果。"一直到2000年王选生病，不能再爬楼，两人才搬出来。

平时王选不喝茶，不抽烟，不饮酒，是标准的谦谦君子。他几乎不去商场，衣服、鞋帽都是陈堃銶去买，他甚至连自己穿多大尺寸都搞不清楚，社会上流行什么更是不关心。大伙都开玩笑说："王老师从来就不会花钱。"他夏天一身白衫黑裤，冬天外罩一件夹克，为数不多的几套西装只在正式场合穿，很长时间领带也只有一条。他头上戴的那顶鸭舌帽，1958年曾盛行一时，也叫"跃进帽"，可是到了晚年，王选还戴着这顶过时的帽子。

有媒体这样描述王选：他是一位清而不激、和而不流、为而不恃、温文尔雅的科学家。

抗击病魔，奉献心力

时间进入 21 世纪，政、学、企几方面的重任在肩，王选更加忙碌了，他每天的日程从早排到晚，精神高度紧张，说话、走路极快，总像是在和时间赛跑，分秒必争。高强度的工作和精神压力使王选的身体严重透支，2000 年，医生宣布了一个令所有人都不愿相信的消息：王选不幸罹患肺癌，已经到了中晚期，最多活不过两年！

陈堃銶听到这一噩耗，如五雷轰顶，心如刀绞。王选才 63 岁！他是累垮的、压垮的……面对突如其来的打击，王选却表现得十分镇静，他安慰妻子："不用担心，我们坦然面对，积极治疗，争取好的结果，在医学发达的今天，一切奇迹都可能发生！"

一席话也增加了陈堃銶的信心，两人很快达成了默契，第二天早上，他们和往常一样，从容自若地出现在未名湖畔，在晨曦的映照下，一个打太极拳，一个练气功，心情如湖水一样平静。

不过，王选清楚，肺癌是世界上最难治愈的癌症之一，从得知噩耗的那一刻起，他就开始思考要交代的后事、要说出的心里话。确诊后的第三天，10 月 6 日早上，王选对妻子说，你去锻炼吧，我就不去了。等陈堃銶出门后，王选拿出纸和笔，一笔一画地写下了

"王选遗嘱":

1. 人总有一死。这次患肺癌，即使有扩散，我将尽我最大努力，像当年攻克科研难关那样，顽强地与疾病斗争，争取恢复到轻度工作的水平，我还能为方正和北大计算机研究所^①尤其是为国家做一些力所能及的事情。

2. 一旦医生会诊确定已全面转移，并经中医试验治疗无效，医生认为已为不治之症，只是延长寿命而已，则我坚决要求"安乐死"，我的妻子陈堃銶也支持这样做，我们两人都很想得开，我们不愿浪费国家和医生们的财力物力和精力，这点恳请领导予以满足。我要带头推动"安乐死"。

3. 在安乐死或正常脑死亡时，立即捐献我身上所有有用的东西，包括角膜，以挽救更多的生命。

4. 我死之后，在取出有用器官后，请务必于12小时之内送火葬场，家属不要陪同，只需少数人执行，骨灰不保留。12小时内火化完成，就可以完全避免遗体告

---

① 作者注：王选写遗嘱时北大计算机研究所和方正技术研究院还是同一个实体，所以只写了"方正"。2004年，研究所和方正技术研究院分为两个实体，王选向陈堃銶口述，要在"方正"后加上"北大计算机研究所"。

别、追悼会等我最最反对的程序。

5. 死了以后不要再麻烦人，不得用公款为我设基金，除非我和陈堃銶自己的捐款，才可考虑设基金，基金也不一定用我的名字命名。

6. 我对国家的前途充满信心，21 世纪中叶中国必将成为世界强国，我能够在有生之年为此作了一点贡献，已死而无憾了。

7. 我对方正和北大计算机研究所的未来充满信心，年轻一代务必"超越王选，走向世界"，希望方正和北大计算机研究所一代代领导能够以身作则，以德、以才服人，团结奋斗，更要爱才如命，提拔比自己更强的人到重要岗位上。

8. 我死后的财产全部属于妻子陈堃銶，我常说我一生有十个重大选择，其实我最幸运的是与陈堃銶的结合。没有她就没有激光照排。由她决定何时捐出多少财产。她对名利看得十分淡泊。

这份遗嘱，是王选精神风范和爱国情操的集中体现，字字句句都流露出他战胜病魔的坚定信心和顽强意志，寄托着他对国家未来和年轻一代的无限希望，表现了他一贯心系国家和人民、无私无我的高尚品德，以及对生死泰然处之、超然豁达的人生观。

遗嘱的最后一条，王选特意写到了妻子。平日陈堃銶十分低调，始终认为自己的才能并不十分出众，是项目给了她锻炼能力与创造的机会。她安于平淡，几次拒绝为她个人报奖、评院士，并和王选约好，不要在媒体和公众场合谈论自己和家事，但今天，王选要向世人表明妻子在激光照排项目中的作用，在自己心中的分量和位置。寥寥数语，道出了两层含义：其一，王选负责激光照排系统的总体设计和硬件设计，陈堃銶是软件系统的总设计者，两人缺一不可；更深一层的含义，如果没有陈堃銶几十年的精心照料和精神支持，王选可能连命都活不下来，激光照排就更无从谈起了。

2000 年 10 月 17 日，胡锦涛同志对王选的治疗做了重要批示："要妥善安排，精心治疗，力争最佳效果。"这充分体现了党和国家的爱护与关怀。

不久，医生成功地为王选实施了左肺切除手术，然而一年后，王选的病再次复发，并不断转移。从确诊到去世的 1900 多天里，王选有 794 天在治疗和住院，接受化疗 9 个周期，热疗 28 次，放疗 115 次。他豁达坚强，以超出凡人的毅力，忍受着化疗、放疗以及其他治疗带来的巨大痛苦，并坚持边治疗、边工作，参加会议和活

动 340 余次，撰写文章 11 万字，打电话或把相关人员
约到家中谈工作近 500 人次，为他钟爱的事业殚精竭虑，
奉献了最后的心力。

生命绝唱，一生心安

在王选患病的 5 年多里，陈堑銶从早忙到晚，竭尽全力、无微不至地照顾着王选的饮食起居。什么时候该吃什么药，哪天做何种治疗，她都记得清清楚楚。有一段时间，王选每天要打一种提高免疫力的针剂，为了少跑医院，陈堑銶学会了打针，在家中给王选注射了近千针。医生叮嘱说，王选的病最怕感冒，陈堑銶精心照顾，出门前总是细心地为王选围好围巾，戴上帽子，几年间王选一次感冒也没有患过。妻子成了王选与疾病抗争的巨大精神动力。

2005 年 10 月，王选肺部的癌细胞不断转移，疼痛时刻啃噬着他。意识到自己的时间不多了，他咬牙拿起笔，断断续续用了五天时间，写出了一篇约 7000 字的文章——《给优秀人才提供良好的创新环境》，指出"制定国家中长期科技规划，确定主攻方向是绝对必要的，但有些成果是无法事先规划的，相对论和量子力学都不是规划出来的。有时选择人比选择项目更为重要，因为有了人会创造出事先想不到的重大方向"。他再次强调："优秀的科研领导人和管理者在创新过程中至关重要。他们应爱才如命，把创造条件、充分发挥手下成员的才华作为自己的重要职责。"文章写好后，王选让工作人员转发给北京大学主管科研的领导，还幽默地加上一句：

"我已无能力写学术论文了，只能卖点狗皮膏药，送给你，不要讲客套。诚请批评指正。"谁也没有想到，这是王选生前写的最后一篇文章。

不久，科技部副部长要来单位考察网络出版项目，这时的王选，由于腹部肿瘤的压迫，腿脚肿得厉害，浑身疼痛，平日很少吃止痛片的他，向陈堃銶要了一颗止痛片吃下，来到单位，恳切地说："网络出版是代表印刷业未来前景的重大方向，希望得到科技部的大力支持，使这一技术像当年的激光照排一样，在新的技术革命中起到主导作用。"

这是王选最后一次在公开场合露面，不久，他病情恶化，呕吐不止，住进了协和医院，彻底不能进食，只能靠鼻饲输营养液维持生命。饥饿使王选每天都感到前胸贴着后背，但他仍坚持在病房里做一些简单的体操运动。后来做不动了，王选就在病房里来回散步，再后来连踱步也没有力气了，就原地踏步，不愿轻易躺下。

王选一住院，陈堃銶就在病房的窗下搭了一张小床，每天与王选吃住在一起。快到年底了，计算机所按照惯例要召开年终总结大会，王选让陈堃銶帮着用录音笔录下一段讲话，拿到会上放给大家听。鼻子里插着管子，使王选讲话非常吃力，好不容易录好了，其中一位同事的名字却说错了，王选非要再录一遍。短短 3 分钟不到的讲话，花了 20 分钟才录好，汗水顺着王选的额头不停地流下来……他说："我知道有不少同志在日夜加班，奋力拼搏，在此，我要说一声，你们辛苦了！向你们深深地鞠躬！今后我们还要坚持科研为应用、为社会服务的方向，我们要坚定不移地走产学研相结合的道路。"这段讲话，竟然成了王选留给大家的最后声音。

2006 年 2 月 5 日，在春节的鞭炮声中，王选度过了第 69 个生日。医生和护士们叠了 99 个千纸鹤送到王选病床前，祝愿他早日康复。王选看了吃力地笑着对大家说："谢谢，这是我手术后活过的第 5 个年头，是我 5 岁的生日！"

2 月 13 日，天气格外阴沉寒冷。王选从前一天晚上突然消化道大出血，病情急剧恶化，虽然医生奋力抢救，血仍未能有效地止住。陈堃銶向医院和有关部门转达王选生前立下的遗嘱——要求在病情不治时实行安乐死，捐献身上所有有用的东西，包括角膜，以挽救更多的生命。但由于种种原因，这一切很难实现，有关方面最终同意捐献角膜，但如此短的时间内找不到合适的受体，最后也只好作罢。

王选的呼吸越来越衰弱，血压不断下降，输进去的血和流出来的血，颜色几乎没有区别。陈堃銶痛断肝肠，她深知王选的心愿——不愿浪费国家和医生们的财力物力和精力，于是毅然做出一个大胆的决定，停止输血！

陈堃銶把脸贴在王选耳边，轻声问："咱们不输血了吧？现在血浆这么紧张，还是留给更需要的病人吧？"

虽然闭着眼睛，但王选的眼皮还是动了动，头微微点了点，表示同意。他在生命的最后关头，还在为别人考虑，他要用自己的生命，成就从小立志"做一个好人"的人生追求！

在场的医务人员看到这一幕，再也无法控制强忍多时的泪水，他们坚持要把从血库里领出来的血给王选输完……

2006 年 2 月 13 日 11 时 03 分，王选的心脏停止了跳动，永远离开了他奋斗一生、深深眷恋的土地。

陈堃銶伤心欲绝，她心中留下刻骨的痛，永远无法释怀："我看到他流出了眼泪，我只知道王选流过三次泪：第一次，我手术的前一晚，他怕我下不了手术台，一个人悄悄地流泪；第二次，他母亲去世，他因为工作太忙，没能送老人最后一程，抱着母亲的照片伤心哭泣；这一次，是他病后第一次、也是唯一的一次流泪。我知道他舍不得离开这个世界，舍不得他的事业和亲人。他期待着建成先进的科研基地，使其涌现大批优秀科技人才和举世瞩目的科技成果，这是他对后人的殷切期待，这一切却无法实现了……"

陈堃銶为王选写下一副挽联："半生苦累，一生心安。"好人一生不见得平安，可能会受到这样那样的磨难，但他一定是心安的，因为没有做过对不起别人、对不起国家的事。王选就是这样一位大写的"好人"。

王选从一个体弱多病的普通青年，成长为一位创新典范、时代楷模，他获得成功的秘诀，凝聚着独特的"王选精神"：

百折不挠的献身精神，永不止步的创新精神；

细致踏实的工匠精神，顶天立地的开拓精神；

协作攻关的团队精神，甘为人梯的大师精神；

淡泊名利的大家精神，挑战生命的超凡精神。

这些品格风范，也是新时代科学家精神的集中体现。

仰望星空，璀璨群星中有一颗"王选星"熠熠生辉，王选精神和他的名字将永远闪耀在宇宙长河中，精神长激励，薪火永相传。